訪問しなくても売れる!
「営業レター」の教科書

菊原智明

JN267613

日経ビジネス人文庫

はじめに

「もう、迷惑訪問はしたくない!」というあなたに

「毎日、一生懸命訪問しているのに、まったく売れない。やっぱりオレに営業は向いてないのかなあ」

あなたは、こんな悩みをもっていないだろうか?

私は長年、迷惑訪問を繰り返していた。
どんなに必死にお客様の家へ訪問しても嫌われる。
どんなに頑張っても、**「売れる営業」**にはなれなかった。
なぜ「売れる営業」になれなかったのか?
あらためて考えてみれば、当たり前のことだ。

今のお客様は、営業マンに突然、訪問されることを極端に嫌っている。お客様が嫌がることをしていたのでは売れるはずがない。

そう思い至った私は、ある時期から売り込みの訪問はきっぱりとやめ、「手紙」でお客様へアプローチするスタイルに変えた。すると驚くことに、そのときから、私はクビ寸前のダメ営業マンから一気にトップ営業マンに変わってしまったのである。

具体的にはどんなことが起きたのか？

たとえば、ダメ営業マン時代は本当の意味での商談が年間2〜3件しかなかった私が、手紙を活用しはじめて、その数が10倍近くに増えた。また、成約率もだんだん上がり、最終的には商談したお客様の90％から契約していただけるようにまでなった。

そして結果的には、売り込みの訪問をやめて手紙を活用するようになっただけで、４年連続№１営業マンに変貌してしまったのである。

「オイオイ！　手紙を出しただけでトップ営業マンだなんて、そんなうまい話があるわけないだろう！」


何度もそういわれたことがある。

だから、この本を読んでいるあなたも、そう思われたに違いない。

そこであなたに質問がある。


あなたの家に突然、営業マンが訪問してきたら、どう思うだろうか？


「大歓迎だよ」

という方は非常に少ないはずだ。

たいていの方は、

「何だよ、この忙しいときに！」

と気分を悪くするのではないだろうか？

このように、自分が買う立場になればよくわかるのに、売る立場になると、こんな当たり前のことでも忘れてしまうものなのだ。

もちろん、手紙を出すといっても、ただ単に手紙を出すだけではない。

送る内容をよく考え、スケジュールをきちんと組み、効率よくお客様へアプローチしていく――。

ちなみにこの手紙のことを、私は**「営業レター」**と呼んでいる。そして、この「営業レター」を活用すれば、あなたの今までの営業スタイルはもちろん、営業観まで大きく変わってしまうことになるのだ。

- ●歯を食いしばって毎日訪問↓訪問しなくてもお客様から声がかかる
- ●毎日夜12時まで残業↓毎日定時に帰れる
- ●お客様のいいなり↓お客様から感謝される

あなたも、こんな営業マンになりたくないだろうか？

「いや、オレは今までどおり死に物狂いで訪問して契約をとるんだ！」

という方は、この本を閉じてほしい。

「訪問しないで『売れる営業』になりたい」

「定時に帰りたい」

「お客様から感謝されたい」

そう思ったあなたには今、**「『売れる営業』へ変わるチャンス」**が目の前にある。

この本を読み終えた頃には、目からウロコが何枚も落ちることになるだろう。今までいくら頑張っても「売れる営業」になれなかったあなた。それは、あなたに才能がないからではない。

今のお客様の望んでいるスタイルでアプローチすれば、あっという間にトップ営業マンの仲間入りができてしまうのだ。

それでは、訪問しないで「売れる営業」に変わりたいあなただけ、本文でお待ちしている。

菊原智明

目次

訪問しなくても売れる！「営業レター」の教科書

はじめに

序章

「売れる営業」になる秘訣は、じつに意外なところにあった！

第1章 ズバリ、これが私を変えた「営業レター」の全体像だ！

第2章 お客様との信頼関係がラクに築ける！——「アプローチレター」

第3章
シリーズ化であなたの印象度がアップ！
——「お役立ち情報」

第４章 お客様からの反応がグンと早くなる！──「レスポンスレター」

第5章
商談客との成約率が驚くほど上がる！
――「クロージングレター」

終章

今こそ、あなたがトップ営業マンに勝つ絶好のチャンス！

おわりに

序章

「売れる営業」になる秘訣は、じつに意外なところにあった！

入社して7年、私は典型的なダメ営業マンだった！

「今日もダメだったなあ」

夜の9時近く。深いため息をつきながら会社へ向かう足どりは重い。

「今日は、上司になんて言い訳をしようか……」

なかば**「訪問恐怖症」**になっていた私は、ほとんどお客様の家へ訪問できずに、ただ街を徘徊する毎日を送っていた。

これは、ある住宅メーカーに入社して7年目のことだ。当然、こんなことでは契約はとれない。契約どころか、話を聞いていただけるお客様もまったく探せない状態が続いていた。

そして、契約をとれないこと以上に不安に感じていたのは、訪問に対するお客様の**「断り」**が、以前よりいっそうきつくなっていることだった。

「もう、他で決めているので資料はけっこうです！」

「こんな時間に来られても迷惑なんです！」

　こういってくれるお客様ならまだいい。

「こんばんは、○○ホームの菊原です。キャンペーンのご案内をもってきました」

「あー……。後で見ておきますから、ポストに入れておいてください」

　ほとんどのお客様から、ＴＶドアフォン越しに軽くあしらわれてしまう。

「この先、本当に営業としてやっていけるのだろうか？」

　不安はますます大きくなるばかりだった。

　そんな毎日が続くなか、私は結婚をすることになり、さまざまな理由から新居をかまえることになった。

「ローンを組んだら、簡単には会社を辞められない」

もちろん、今のままのスタイルでいいわけがない。何かやり方を変えなければ、どうにもならないことは明白だった。

何よりも、売れないうえに毎日帰りが遅い生活を、自分としてもいつまでも続けたくはないという気持ちも強くなっていた。

しかし、その願いとは裏腹に、あいも変わらず話を聞いていただけるお客様すら見つけられない日々が続いた。

どんなに必死に訪問しても結果が出ない――。

この時期が一番つらかったかもしれない。

転機は、ある日突然やってきた!

訪問しても訪問しても何の収穫もなく、ただお客様から嫌われるだけの日々。訪問するのがつらくてたまらない。

そんななか、自分が建てる家のことを考えていたときにフッと目に入ったものがあった。

それは**「お客様の失敗例」**を掲載した社内用の資料だ。

そこには、これから家を建てるうえで参考になることがたくさん書いてあった。

私はこの資料を見て、こう思った。

「建てる前に知っておいてよかった！」

また、こうも思うようになった。

「この資料に書いてあることは、これから家を建てる人は知りたいだろうなあ」

そんなとき、ひらめいたのだ。

「そうだ！　これをお客様のところへ定期的にもっていこう」

さっそく私は、社内用の資料をお客様に渡せるように**「お役立ち情報」**として編集し、翌日からお客様のところへもっていくことにした。

実際に「お役立ち情報」をお客様に渡してみてどうだったのか？

なぜか、今までよりもお客様に喜んでもらえているように感じたのだ。

私自身が「これは絶対に喜んでもらえる」と強く思っていたから、お客様にも伝わったという面もあっただろう。しかし、何よりも「この情報自体に価値があるのではないか？」と私は考えたのだ。

とにかく「これしかない！」と思った私は、その後も精力的に「お役立ち情報」をお客様へ配りまくることを決意したのである。

これならいける！　待ちに待った「初めての反応」

「お役立ち情報」を配るようになって数日がたった頃――。

携帯にお客様から電話があった。

「申し訳ないけど、もし次の資料があったら、もってきてもらえますか?」

「わっ、わかりました。明日もっていきます!」

私は契約をとったときのようにはしゃぎまくった。その夜、さっそく「お役立ち情報」の第2号をつくり、そのお客様の家へ向かった。

「じつは、もう建てるところは決まっているんですが、どうしても知りたくて……」

よく聞いてみると、すでに知り合いの工務店にお願いしたという。残念なことに、このお客様とは商談にならなかったわけだが、間違いなくこうした情報のニーズはあると実感できた出来事だった。

気をよくした私は、「お役立ち情報 第1号」をこれまで自分と何らかの接点があったお客様に2週間ですべて配り、その後も第2、第3号とつくって、ひたすら配りまくった。

お客様からの反応が出始めたのは、1カ月後――ちょうど第3号を配り終えた頃だったように思う。移動中に携帯が鳴った。

お客様「ちょっと相談したいことがあるのですが、時間とれますか？」
私「はい、いつ伺えばよろしいですか？」
お客様「土曜日の夜7時すぎにお願いします」

電話を切った後、私は飛び上がって喜んだ。
「やったぞ！」
うれしいことにもう1件、お客様から連絡があり、すでに再来していただいたお客様を加えると、合計3件の商談をスタートすることができたのだ。

手ごたえをつかみつつあった私は、次々に新しいバージョンの「お役立ち情報」をつくっていった。そして2カ月がたった頃には、週末の商談のアポイント（アポ）もかなり増えていた。上司や他のメンバーは私の変貌に驚いた。

「菊原さん、どうしちゃったんですか？　何かコツでもつかみました？」

何よりも私自身がこの変化に一番驚いていた。


気がつけば3カ月連続契約。


前年の年間契約が4棟だった私にとって、3カ月連続契約という結果は夢のような数字だ。しかし、私はこの結果に浮かれる一方、ある不安に襲われるようになっていた。それは、商談客が増えたために、他のお客様をフォローしている時間がますますとれなくなってきたことだ。

そこで私は、1つの結論を出した。

「今まで手渡ししていた『お役立ち情報』の80％は郵送することにしよう」

もちろん、当初は「訪問しなくても大丈夫なのか」という不安に襲われていた。

しかし、その不安とは裏腹に、訪問を減らせば減らすほど、商談をしてくれるお客様は増えていったのである。

もう、迷惑訪問なんてしなくてもいい！

「お役立ち情報」をお客様に届けるようになって、私の営業観は180度変わった。それまではお客様にどんなにイヤな態度をとられようが、歯を食いしばって訪問し続けるしかないと思っていた。だから7年もの間、どんなにつらくても訪問するしかなかった。しかし、「お役立ち情報」を送るだけで、お客様から声をかけてもらえる。

「もしかしたら、もう二度と迷惑訪問をしなくていいのかも？」

そう考えるだけでも、うれしくて飛び上がりたくなる。

その後、商談数が増えた私には自信が生まれ、お客様に対しても余裕をもって対応できるようになっていた。余裕があったせいか、我ながら接客などもうまくなり、さらに商談が増える。まさに「天使のサイクル」が回り始めた状態だ。

「なぜかどんどんうまくいくぞ！」

それまで3～4カ月に1つ契約をとれればいいほうだった私が、毎月当たり前のように契約をとれるようになったのである。

毎日定時で帰るのに、なぜかトップ営業マン

気がつけば8カ月連続契約。なんとその時点で会社のトップに立ってしまった。クビ寸前だった私にとっては信じられない結果だった。

そんなとき、私はあることに気づいた。

資料を直接手渡ししているお客様より、「お役立ち情報」を郵送していたお客様

の再来のほうが圧倒的に多い。

すごく不思議な思いだったが、さらに私は次のように考えたのである。

「ひょっとしたら、すべてのお客様に『お役立ち情報』を郵送してもいいのではないか？」

その後は、打ち合わせなどで訪問するのは別として、売り込みの訪問をすることはきっぱりとやめたのだ。そのかわりに、今まで訪問に使っていた時間は、間取りなどのプランや見積りの作成などにあてるようにした。すでに営業所でダントツの成績をあげている私に対して、上司も何もいわなかった。

帰る時間も午後8時から7時、最終的には定時の6時に帰るようになった。

そんな私が自分の営業スタイルに「確信」をもてたのは、契約をいただいたお客様の一言だった。

「菊原さんは、私たちのペースで考えさせてくれるから、信用できるんですよ」

この一言で、「今のお客様は、こちらからあれこれとアプローチするよりも、たとえば『お役立ち情報』を送るなどして、お客様のペースで考えてもらったほうがいいんだ」と確信したのである。その後も好調は続き、年間16棟の契約をあげ、ダントツのトップになることができた。

年間4棟の契約しかとれなかった私には信じられない出来事だ。

「営業レター」があなたの可能性を無限に拓く

7年間、ダメ営業マンだった私が、いきなりトップ営業マンに――。

変わったことといえば、それまでイヤイヤやっていた訪問をやめ、「お役立ち情報」をお客様に郵送するようにしただけ。信じられないかもしれないが、まぎれもない事実である。

そのときの私は、本当にこの「お役立ち情報」を中心とした**「アプローチレター」**しか送っていなかったのだ。

その後、さまざまな工夫をしながら生み出した**「レスポンスレター」**と**「クロージングレター」**を加えることで、私の営業スタイルは完全に確立されたのである。ちなみにこの「アプローチレター」「レスポンスレター」「クロージングレター」を総称したものを、私は**「営業レター」**と呼んでいる。

もし、これがなければ絶対に「売れる営業」にはなれなかっただろう。ましてや4年連続No.1営業マンになるなど、夢のまた夢であったと思う。

ここで、次のように思われた方がいるかもしれない。

「訪問をやめて営業レターを送ればいいっていうけど、私の会社は飛び込みでお客様を探すから役に立たないのでは？」

たしかに、私のいた住宅業界は、展示場まで来ていただいたお客様、つまり一度お会いしたお客様に対してフォローをしていくスタイルをとる会社が多い。

その意味では、飛び込み専門で営業をされている方よりは恵まれていると思う。

しかし営業レターは、飛び込み専門の方でも応用することができるのだ。

たとえば訪問する前に、

「自分がどういう目的でお客様を訪問するのか?」

ということが伝わる挨拶文を、飛び込み訪問の前にポストインしておけばいい。

それから、お役立ち情報をもって訪問する。そうすれば、いきなり飛び込み訪問をするスタイルよりも、お客様の反応は何倍もよくなるはずだ。

その後は私が次の章からお話するやり方にしたがって営業レターを送るようにすれば、商談になる確率は格段に高まる。

実際、私も何人かの飛び込み専門の営業マンにアドバイスしたことがあるのだが、ありがたいことに皆、成績がアップしたとの報告をいただいている。しかも、これまでよりも訪問の数自体は圧倒的に減らしているというのに……。

このように、たとえ飛び込み専門の営業スタイルであったとしても、営業レター は素晴らしい威力を発揮してくれるのだ。

少し脱線したので、あらためて私の話に戻そう。

7年もの間、ダメ営業マンだった私が、いきなりトップ営業マンに――。じつは、こうしたケースは、意外なほど少ない。「売れる営業」というのは、営業を始めて1、2年で頭角を現してくるものだからだ。

繰り返しになるが、私がやったことはお客様を訪問することから、アプローチレターをはじめとする営業レターを送るように変えただけ。決して、営業センスが突然、開花したわけではない。

「じゃあ、『営業レター』って具体的にはどういうものなの?」と思ったあなた。詳しくはこれから見ていくとして、まず次の章では「営業レター」の全体像とメリット、基本ルールなどを中心にお話していくことにしよう。

第1章

ズバリ、これが私を変えた「営業レター」の全体像だ！

「営業レター」には3つのステージがある

私の営業スタイル、そして数字をガラリと変えた「営業レター」――。まずはこの営業レターの全体像を理解してもらうために、3つのステージを簡単に紹介しよう。

ファーストステージ――アプローチレター

アプローチレターは「ハガキ」「自己紹介文」「挨拶文」「お役立ち情報」の4つのパーツから構成されている。そして、この4つのパーツを組み合わせてスケジューリングし、効率よくお客様との信頼関係を築いていくことが主な目的だ。

セカンドステージ――レスポンスレター

レスポンスレターとは、お客様を商談してくれるところまで引き上げるツールである。ただし、このレスポンスレターだけをお客様に送っても効果はほとんどない。あくまでもアプローチレターでお客様との信頼関係が築けていることが前提だ。その意味では、アプローチレターのプラスアルファ的な位置づけになる。

サードステージ――クロージングレター

クロージングレターとは、お客様との商談中に送るもので、商談までランクアップしたお客様を逃がさないためのツールだ。クロージングレターを送ることで、成約率は格段にアップする。

以上のように、営業レターは3つのステージで構成されているのだが、ここで大切なことを説明するので、よく聞いてほしい。

営業レターで一番重要なのはズバリ、「アプローチレター」である。

先に述べたが、アプローチレターの目的は、お客様との「**信頼関係**」を築くことにある。そして、じつはこのお客様との信頼関係というのは、営業レターのすべてのステージでベースになるものなのだ。したがって、アプローチレターで信頼関係を築くプロセスを踏んでいなければ、その他の営業レターをうまく機能させることはできない。だからこそ、アプローチレターが最も重要になるのだ。

では、どのように信頼関係を築いていくのか？

詳しくは後で説明するが、一言でいえば、

お客様に自分のもっているものを与えることだけを考える――。

それだけでいい。時間がかかるように思うかもしれないが、これが一番早くお客様との信頼関係を築く方法だ。

序章でもお話したとおり、私はファーストステージのアプローチレターだけでトップ営業マンになることができた。したがって、まずはファーストステージのアプローチレターをしっかりと習得してほしい。

「営業レター」は３つのステージで構成されている

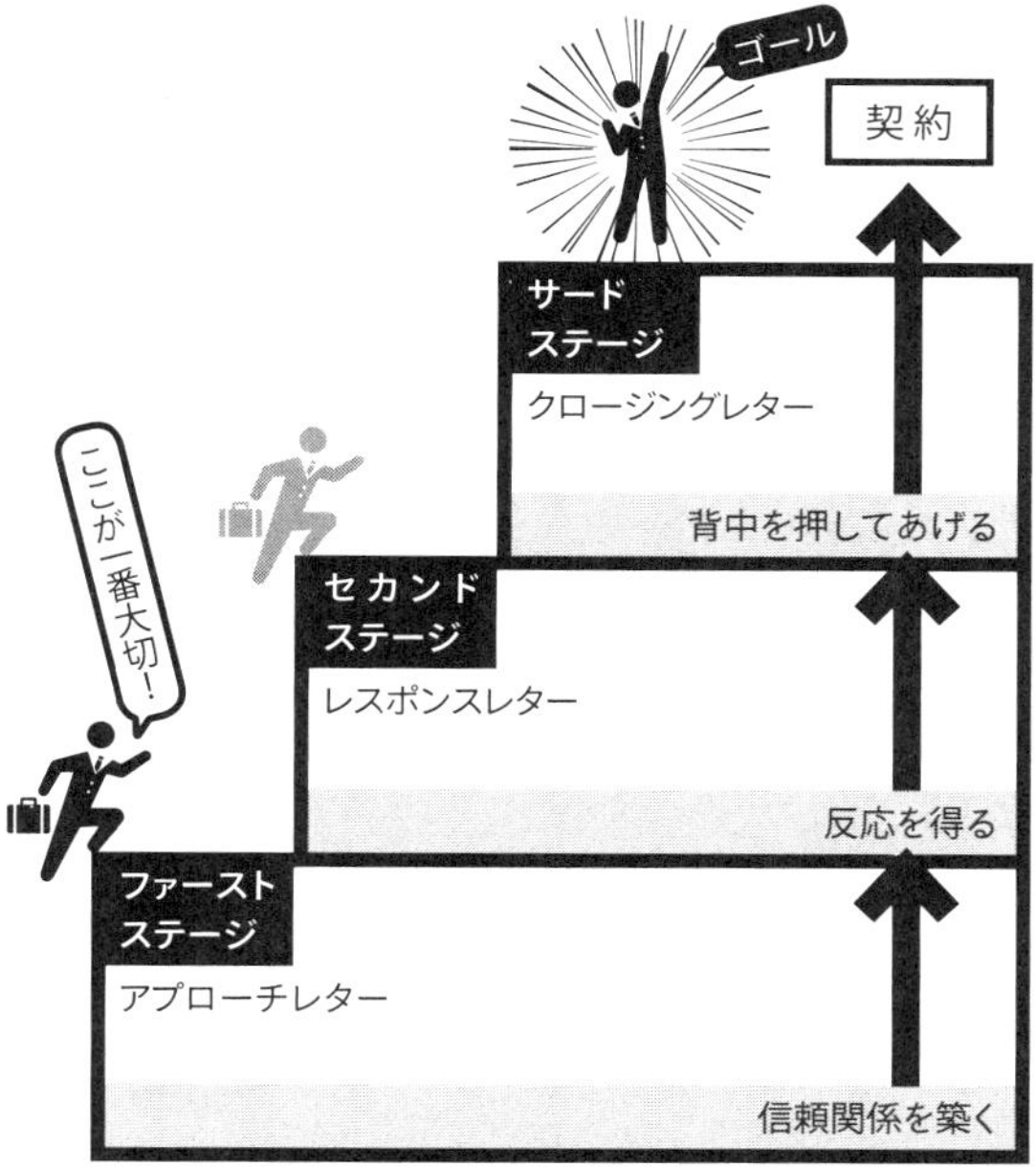

この手順で**ステージアップ**していけば、
あなたも「売れる営業」になれる!

目からウロコ！
「営業レター」に隠された9つのメリット

営業レターの3つのステージについては大まかにご理解いただけたと思う。

次に、営業レターがもつメリットについて見ていこう。このメリットを読めば、「本当に営業レターを出すだけで大丈夫なの？」という不安が、期待へと変わってしまうだろう。論より証拠、さっそく1つめのメリットから説明していく。

メリット①　もうアポなし訪問をしなくてもいい

今のお客様は、訪問されることを非常に嫌がる方が多い。また、だれかを家に入れる習慣もほとんどない。なかには友人でさえ家にあげない方もいる。そんな状況のなかで、今までのようにアポなし訪問をすることは得策ではない。では、どうすればいいのか？

そう、そこで登場するのが営業レターなのである。

営業レターなら、アポなし訪問をしないでお客様にアプローチできる。どんなにきつく門前払いをするお客様の家であっても、楽々と入り込める。営業レターがあなたのかわりに営業してくれるので、もはやアポなし訪問をする必要もなくなるのだ。

メリット② 今より早く帰れるようになる

営業レターは、いつつくってもいい。たとえば昼間の暇な時間帯を利用してもいいだろう。そうすれば、「定時までに『営業レター』を作成し、定時になったら家に帰る」という生活も可能になる。

実際、私はトップでいた4年間のうち、初年度を除く3年間は毎日、定時に帰っていた。そう、**「毎日定時で帰るのにトップ営業マン」**などということまで実現できるのだ。

また、お役立ち情報などは、一度つくってしまえば何度でも使いまわすことができる。最初につくるときは時間がかかるかもしれないが、一度完成してしまえば、後は必要に応じて修正するだけでいい。これもメリットの1つだ。

メリット③　短時間に多くのお客様にアプローチできる

いくら一生懸命に訪問したとしても、訪問できる件数はすぐに限界がくる。どんなにムリをしても、せいぜい1日10件を、倍の20件にするくらいしかできないだろう。しかし、営業レターなら10件を50件にすることも簡単だ。その気になれば、10件を200件以上に増やすことも可能だ。また、近い遠いにかかわらず、どこでもすぐにアプローチできるのも強みだ。

「一度に送るのだったらメールでもいいのでは?」という意見もあるかもしれない。たしかにメールで一括送信すれば、コストも時間も営業レターよりはかからないだろう。しかし、メールではお客様に**「自分の気持ち」**は伝わりにくい。

そもそもメールというのは、「不特定多数のお客様に送っているのではないか」という印象を与えがちだ。だから、メールでお役立ち情報が送られてきても、お客様は感謝する気にはなれないだろう。

その点、営業レターは**「そのお客様のためにつくって送った」**という印象を与えられる。営業レターは営業マンの心が伝わるツールでもある。その意味でも、メールではなく営業レターを活用したほうが効果的なのだ。

メリット④　営業マンのテンションが下がらない

お客様からのきつい断りやクレームを受ければ、だれでもテンションが下がるものだ。また、前の日に奥さんと喧嘩したり、単に飲みすぎた、ということでもテンションが下がる場合があるかもしれない。

人間が毎日ベストコンディションで仕事に臨むことは難しい。むしろ気分がのらない日のほうが多いくらいではないだろうか。

その点、営業レターはテンションが下がったり、体調が悪くて気分がのらないなどということはない。いつも同じようにお客様へアプローチしてくれる。これほど心強くタフな営業ツールが他にあるだろうか？　これも営業レターの魅力の1つである。

メリット⑤　営業センスや特別な話法を必要としない

お客様は営業マンから訪問されたり電話がかかってきたりすると、反射的に警戒心をもつものだ。そして、「うまい話にはのらないぞ」と身がまえる。

そんななか、いくら必死に説明したり、自分のことをアピールしたりしたところで、何も伝わらないのは当然だ。

不信感をもっているお客様に突然、アプローチしてうまくいくには、やはりよほどの営業センスや特別な話法がなければムリというものだ。しかし、こういった問題も、営業レターなら容易に解決できる。営業レターでお客様にアプローチする際には、営業センスや特別な話法は必要ない。

営業レターであれば人見知りであろうが、口下手であろうが、関係なく自分の思いを文章で伝えることができる。これも大きなメリットだ。

メリット⑥　営業成績に波がなくなる

毎月平均して契約があがればいいのだが、そううまくはいかないのが現実だ。契約がとれないときはまったくとれないし、とれるときはまとめてとれてしまうことも少なからずある。

そんなときに力強い味方になってくれるのが営業レターである。先にもお話したように、営業レターはいつでもつくることができる。たとえばお客様を待っているちょっとした時間でも、2~3通くらいなら簡単につくれるはずだ。

契約や商談が増えて忙しいときでも、1日5～10分の時間はとれるだろう。そんな隙間時間に営業レターをつくってしまえばいい。好調時に営業レターを出す習慣を身につければ、成績の波についての悩みも自然となくなっていくだろう。

メリット⑦ 基準をもってお客様を判断できる

お客様の「見極め」というのは難しいものだ。あなたも、今までは感覚でお客様を判断していなかっただろうか？ 的確な基準があれば、ムダに時間を使い続けたり、チャンスを逃がすといったことが少なくなる。では、どうするか？

営業レターをお客様に出す際に、はじめから見極めるポイントを決めておけばいい。詳しくは後でお話するが、たとえば私の場合は、どんなお客様でも4回は送ることに決めていた。それから、見極めをする。

このように、ある一定の基準を設けたため、適当な感覚でお客様を切ることはしなくなった。もちろん、商品によっては営業レターを1回送っただけで見極められる場合もあるだろう。これについては、何度かお客様に送ってみて、テストして決めればいい。ともかく、お客様の見極めが容易になることも、営業レターを活用する長所の1つといっていいだろう。

メリット⑧　お客様のリピート率が高まる

営業レターは、購入が決定するまでに時間がかかる商品を扱っている方には、特に効果がある方法だ。しかし、なかにはこのような疑問をもつ方もいるだろう。

「私の扱っている商品は短期間で購入を決めるから関係ないのでは？」

そんなことはない。短期間で購入を決める商品であったとしても、リピートがある商品を扱っている場合は、営業レターを出すことによって、お客様の流出を食い止めることができる。せっかく契約をとったのに、リピート時にお客様をライバルに横どりされるのは悔しいものだ。

それが営業レターを通してお客様との関係を続けていれば、商品の買い替えや更新時に他社に浮気をされることが、きわめて少なくなるのだ。なお、ここでお話しているのは、一度商品を購入してくれたお客様へのフォローのやり方になるが、こういう形での営業レターの活用法があることも覚えておいてほしい。

メリット⑨　お客様に感謝される

営業レターの特徴の1つに、**「お客様に完全に主導権を渡す」**というものがある。営業レターを読んで、お客様自身が行動する――。人は自分で納得したときしか、本当の意味で行動したことにはならない。

私は訪問も電話も苦手だったため、完全にお客様に主導権を渡していた。その結果、次々とお客様から声をかけてもらえるようになった。

お客様を信頼して、思いきってお客様に完全に主導権を渡してしまう――。それがお客様から声をかけてもらうポイントになる。そうすれば、お客様から**「感謝」**されることまで起こるのだ。

9つのメリットをお読みになった感想はどうだろうか。何となくワクワクしてきたのではないだろうか？

さっそく営業レターの具体的な中身を見ていきたいところだが、その前に知っておいてもらいたいことがある。営業レターについて誤解を招かないためにも、次の節でその点について説明したい。

セールスレターやDMとはどこが違うのか?

さて、ここで質問がある。

あなたは、**「セールスレター」**という言葉を聞いたことはないだろうか?

セールスレターは、主にホームページなどに書く誘導型の説明文である。

営業レターというと、このセールスレターと混同する方がいるかもしれない。

結論からいうと、営業レターはセールスレターとはまったく性質が異なる。

あなたも、このようなホームページを見たことがないだろうか?

まだだれも知らない○○の方法で、簡単に月200万円稼ぐ方法を教えます！

そして、こうしたキャッチコピーの後に長々と文章が続く。一言でいうと、セールスレターとは、**「お客様を一発で釣り上げるための文章」**だと私は思っている。だから、大げさな表現を使ってお客様の気持ちをあおろうとするものが多い。これに対して、営業レターは基本的には**「お客様との信頼関係を築いていくこと」**が目的になる。

以前は、お客様を誘導するセールスレターも反応率が高かった。魅力的なキャッチコピー、読まずにはいられなくなる文章に引き込まれ、思わず買ってしまったことも私自身、よくあった。しかし、この手のセールスレターは確実に反応率が落ちている。

どうしてそのようなことを断言できるのか？

その理由は、私自身が身をもって経験しているからだ。私は、セールスレターの文章テクニックを駆使してホームページを作成したことがある。以前はホームページを訪れた人が思わずセールスレターに引き込まれ、その場で購入していくケースが多かったが、ここ最近は極端に減った。

どうしてか？

なぜなら、お客様がそういった類のセールスレターに飽きてしまっているからである。どこのホームページをクリックしても似たようなキャッチコピーが並んでいる。そして同じような流れの長文のセールスレター――。ホームページを見た方は、ウンザリしながらこう思っているのだろう。「ああ、またやっているな」

どんなに優れたセールスレターをつくったとしても、他に同じようなものが山ほどあったら、見た人はウンザリする。結局、どれがいいのかさっぱりわからないということになってしまう。

また、**「キャンペーン」**の効果が長続きしないのも、それが原因だ。「○○キャンペーン」がはやれば、みんな「○○キャンペーン」。お客様にしてみれば、何が違うのかさっぱりわからない。

「どこもたいして変わらないなあ。だったら一番値引きをしてくれる会社で決めよう」

結局、値段勝負になってしまう。値段で勝負すれば、値段で比較される。似たようなセールスレターで勝負したところで、やはり同じ結果になる。

では、何で勝負すればいいのだろうか？

それはズバリ、あなた自身。

あなた自身の人間性で勝負するのが一番なのだ。あなたの人間性を知ってもらったうえで役に立つ情報を伝える――。あなた自身で勝負すれば、だれにも真似されることはない。多数の競合の1つにされたり、値引き合戦の泥仕合に巻き込まれることも、格段に少なくなる。

小手先のテクニックでは、すぐに効果がなくなってしまう。長期的に営業マンとして成功していくには、やはり自分自身で勝負するのが一番なのだ。

ここでホームページの話に戻るが、私はホームページの他にブログをやっている（『住宅営業マン日記』 http://plaza.rakuten.co.jp/tukil/）。その目的は、売れなくて困っている営業マンに向けて、真に有用なメッセージを伝えることだ。

もちろん、ブログなので私の人となりを十分に伝えている。しかし、自分のことを知ってもらうだけでは、だれも見てくれないだろう。だから私は、自分のことを知ってもらったうえで、営業活動に役立つ情報を３６５日、毎日発信している。そして、ブログを見て共感してくれた方から教材を購入していただいている。積極的に教材の宣伝をしているわけではないのに……。

じつは、この話のなかに営業レター（特にアプローチレター）を成功させる大きなヒントが隠されている。

お客様から信頼を得るために、まずは自分を知ってもらったうえで、本当に役に立つ情報を与えることを考える――。営業レターを始めるにあたって、これだけは忘れてはならない。

なお、お客様に送る郵便物といえば、一般的にはダイレクトメール（ＤＭ）を想像する方が多いだろう。その意味では、営業レターをＤＭと呼ばないことを不思議に思う方もいるかもしれない。しかし、営業レターとＤＭは、根本的に性質が異なる。

一般的にＤＭは、不特定多数の人に無作為に出しているイメージが強い。また、だれが出しているのか、まったくわからないものが多い。担当者の名前がゴム印で押してあるだけなどというものも少なくない。ほとんどのＤＭは、何の説明もないまま売り込みチラシが入っているだけ。これでは、まったく読む気がしない。

これに対して、繰り返し述べているように営業レターの第一の目的は、お客様との信頼関係を築くところにある。その違いがあるからこそ、私はあえてＤＭではなく、「営業レター」と呼んでいるのだ。

要注意！「営業レター」をつくる前に これだけは押さえておこう

アプローチレター、レスポンスレター、クロージングレター――。本章の最後として、ここですべての「営業レター」に共通する基本部分の説明をしておこう。この部分を軽視してしまうと、その後いくらいい自己紹介文やお役立ち情報を作成できたとしても、効果は期待できない。その意味でも、しっかり読んでもらいたい。

基本ポイント① 宛名は自筆で書く

まずは基本中の基本、封筒に書く宛名について説明する。

宛名はタックシールを貼るのではなく、必ず**「自筆」**で書くことをおすすめする。タックシールは「不特定多数の人に無作為に送っている」というイメージをもたれてしまう危険性が高い。しかも、タックシールの文字からは、まったく気持ちが伝わってこない。だから、もらったほうにしても、タックシールのものは捨てやすいし、捨てることに何の罪悪感ももたない。

これに対して、手書きで書かれているとどうだろう。何となく捨てにくい感じがするのではないか？

多少時間はかかるが、できるかぎり手書きで宛名を書くことをおすすめする。

基本ポイント②　一目で中身がわかるようにする

２つめのポイントは、宛名の下に「一目で中身がわかるような一文を入れる」ということだ。

だれ宛てに来たものなのかを確認するために、どんな人でも宛名は必ず見るはずだ。だから、そのすぐ下に何か書いてあれば、自然とその文を読む。

57ページに掲載したサンプルを見ればわかるように、特別なことを書く必要はない。しかし、これが大変効果があるのだ。当たり前のようなことだが、ぜひやってもらいたい。また、中身をはっきりわかるようにしておけば、お客様に**「安心感」**を与えることもできる。

郵送物の開封率を高めることも大切だが、こういったお客様への心くばりも忘れてはならない。

基本ポイント③　営業レターには必ず顔写真を入れる

なぜ、営業レターに必ず顔写真を入れる必要があるのか？

一番のメリットは、**「お客様があなたのことを一瞬で思い出せる」**という点にある。また、自筆の宛名と同様、人は顔写真の入っているものは捨てにくくなる、という傾向がある。しかし、そういったメリットがあるにもかかわらず、顔写真を入れている人は意外なほど少ない。これほど簡単で効果が上がることはないので、決して忘れないでほしい。

基本ポイント④　連絡先を明記する

最後のポイントは「連絡先」だ。

あなたの家にも、毎日いろいろな会社からＤＭが届くと思うが、連絡先がわかりづらいものは非常に多いのではないか？　だから、まずは必ず連絡先をわかり

まずは４つの基本ポイントを押さえよう

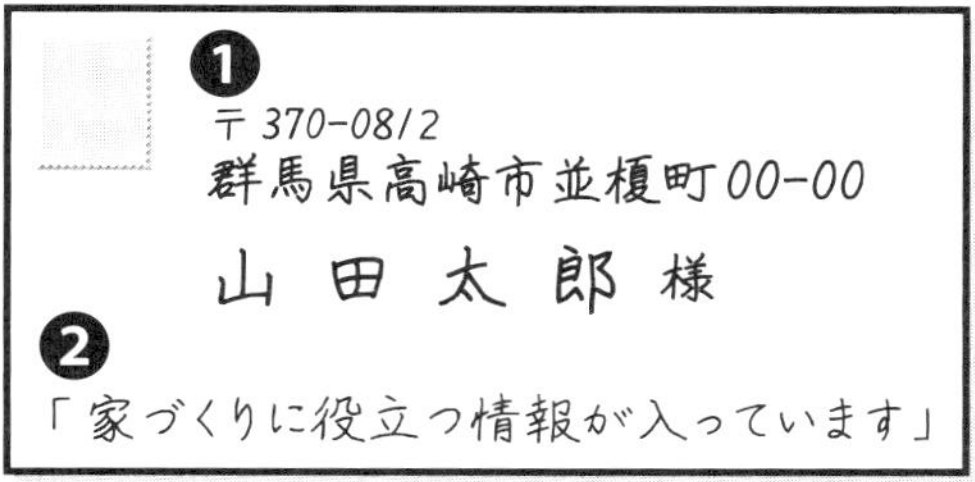

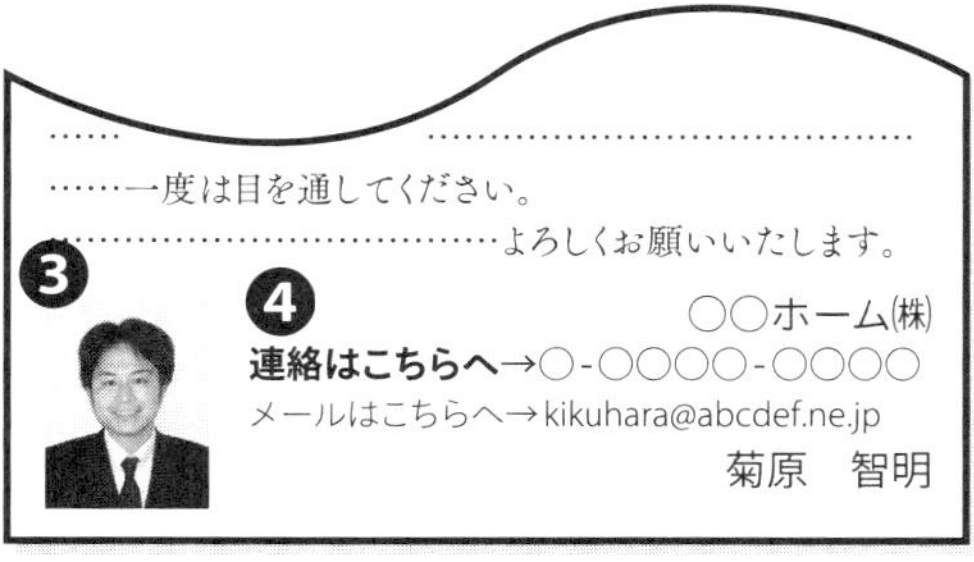

ポイント１　宛名は自筆で書く
ポイント２　一目で中身がわかるようにする
ポイント３　営業レターには必ず顔写真を入れる
ポイント４　連絡先を明記する

やすい形で明記しておくことがポイントになる。可能であれば、直接つながる携帯番号もあわせて明記しておくと、なお効果的だ。

携帯番号を明記するのが難しいのであれば、**「連絡はこちらへ」**と書いておけば、お客様も迷わなくてすむ。また、電話だけでなくメールアドレスを明記しておくことも忘れてはならない。

連絡はこちらへ↓　〇〇-〇〇〇〇-〇〇〇〇
メールはこちらへ↓　〇〇〇〇〇@〇〇〇〇〇.ne.jp

夜遅い場合や、電話をするのはまだちょっと抵抗がある、というお客様から問い合わせをいただける可能性が出てくる。

さて、以上で営業レターの基本ポイントをすべてお話したわけだが、ご理解いただけただろうか？　それでは次の章から、それぞれの営業レターついて詳しく見ていくことにしよう。

第2章

お客様との信頼関係がラクに築ける！
――「アプローチレター」

初公開！「アプローチレター」を構成する4大パーツ

長年、ダメ営業マンだった私を、いきなりトップ営業マンに押し上げてくれた最大の原動力——。本章と次の章では、営業レターのなかでも最も重要な役割を果たしている**「アプローチレター」**について見ていくことにしよう。

アプローチレターとは、一言でいえばお客様に送る手紙やお役立ち情報のことをいうが、その特徴としては、**「4つのパーツ」**で構成されていることがあげられる。

1つひとつを分解してみれば、難しいことは何もない。4つのパーツをつくって組み合わせる。そして、あらかじめ決めておいたスケジュールどおりにお客様へ送っていく——。それだけでお客様との信頼関係が築けるのだ。

ただし、パーツの1つひとつを単独で送ったとしても、それほどの効果は期待できない。あくまでも4つのパーツを連動させることによって、今までの何倍もの効果を発揮できるようになるのだ。

すべてのパーツをリンクさせて、うまくはまったときには、信じられないことが起こる。

お客様のほうから、「相談したいので、時間をとってもらえますか？」と声をかけてくれるようになるのだ。

「商談できるお客様がいない。どうしよう」などといいながら、お客様の家を必死に訪問していたことがウソのように思えるほどだ。

では、そんなことを可能にしてしまうアプローチレターとは、いったいどんなものなのか。まずは4つのパーツを簡単に紹介しよう。

パーツ①――ハガキ

ここでいうハガキは、会う前のお客様にはその前フリとして送る役割、そして一度お会いしたお客様に対してはお礼の気持ちを伝える役割を果たしている。

ハガキをお客様に送っている方は多いのではないかと思う。しかし、いつも送っているハガキにちょっとした工夫を加えるだけで、より強くお客様にあなたを印象づけることができる。また、ハガキの次に送る資料を読んでもらうためにも、その存在は欠かせない。

パーツ②──自己紹介文

自己紹介文とは、自分のことをお客様に知ってもらうための手紙のことをいう。なぜ、お客様に自分のことを知ってもらう必要があるのか？　それは、お客様は素性のよくわからない営業マンからの資料は見ないからだ。

後で詳しく説明するが、自分の人となりを伝えたうえで、お客様に対してあなたが提供できるメリットを伝えることが重要になってくる。

パーツ③──挨拶文

挨拶文とは、次の章で説明する「お役立ち情報」に同封する手紙のことだ。この挨拶文で毎回、自分の身の回りのちょっとしたことやお客様へのねぎらいの気持ちを伝えることにより、お客様との距離を縮めることが可能になる。

あなたの家に送られてくるDMを思い出してほしい。挨拶文のなかに人間らしさが感じられる文言が書いてあっただろうか？　おそらくめったにお目にかかったことはないはずだ。

パーツ④——お役立ち情報

お役立ち情報とは、文字どおり「お客様にとって本当に役に立つ情報」を伝える資料のことだ。挨拶文に同封すると、ただの情報提供ではなくなる。

さらに、お役立ち情報の最大の特徴は、**「シリーズ化」**するところにある。そして、シリーズ化によって「お客様と定期的に接点をもてる」ことが、最大のメリットになる。

簡単ではあるが、以上がアプローチレターを構成している4つのパーツの概略だ。先にもお話したように、この4つのパーツを組み合わせて、スケジュールにしたがって送るだけで、あなたの世界は激変するのだ。

さて、お客様に手紙を出すなどというと、拒絶反応を起こす方がいるかもしれない。

「私は文章を書くのが苦手なので、手紙はちょっと……」

その気持ちはよくわかる。なぜなら、かくいう私自身、手紙を書くのは苦手だからだ。学生時代、国語が苦手なために理系を選んだくらいだ。もちろん、文章センスもほとんどない。しかし、そんな私でも実践できたのだ。

だから、まずは手紙、ひいては書くことに対する苦手意識を捨て去ってほしい。

そして、営業レターには特別な文才やセンスなど必要ない——。

このことを心にしっかりと刻み込んでほしい。

「アプローチレター」を構成する４つのパーツ

パーツ1　ハガキ

» 主にお礼訪問のかわりに出す
» 次回送る「自己紹介文」「お役立ち情報」の前フリをする

パーツ2　自己紹介文

» 自分の人となりを知ってもらう
» 自分とつき合うことで得られるメリットを伝える

パーツ3　挨拶文

» お役立ち情報と一緒に送る
» 今後、数回にわたってお客様に自分のことを伝えられるので、すり込みの効果がある

パーツ4　お役立ち情報

» お客様にとって本当に役に立つ情報を送る
» シリーズ化して、お客様に自分を印象づける

４つの**パーツを有機的に連動させる**ことがポイント!

「売れる営業」への道はスケジューリングから始まる

それでは次に、「アプローチレター」の全体像をつかんでもらうために、具体的なスケジュールについて見ていくことにしよう。

売れない営業マンだった頃、私はスケジュールのことなど考えたこともなかった。自分の頼りない記憶と、まったく信用できない感覚に頼っていたのだ。

だいたいこんな感じだ。

「このお客様に○○の資料を送ったかなあ？　よく覚えてないけど、一応出しておくか」

「あっ！　忘れてた。このお客様には、しばらく何も送ってないぞ」

「このお客様はいい感じだったから、こまめに送ろう」

「このお客様は感じ悪かったから、何も送らなくていいや」

「アプローチレター」を送るスケジュール ——私の場合

初回接客、初回面談

↓

翌日	ハガキを出す

↓

3～4日後	お役立ち情報No.1＋自己紹介文

↓

10～20日後	お役立ち情報No.2＋挨拶文

↓

30日後	お役立ち情報No.3＋挨拶文

⋮

商談になるまで続ける

きちんとスケジュールを組んで送れば、効率よくお客様との信頼関係が築ける！

送るのも適当なら、見極めるのも適当――。

こんな行き当たりばったりのやり方では、間違ってもお客様から声をかけてもらえるはずがない。

そんな私も、ある程度売れるようになって忙しくなり出してからは、出す順番と間隔について、きちんとスケジュールを組んでお客様へ送るようになった。その結果、それまでの何倍ものお客様から「相談したい」と電話をいただけるようになったのである。

ちなみに67ページに載せた私のスケジュールは、住宅やリフォームなど、購入までの期間が長い商品を扱っている場合に参考になるものだ。購入までの期間が短い商品を扱っている方は、それに合わせてスケジュールを組んでほしい。

お礼の気持ちが伝わるのは訪問？　それともハガキ？

アプローチレターの全体像とスケジュールはご理解いただけただろうか？

ここからはアプローチレターの4つのパーツのそれぞれについて、詳しく見ていくことにしよう。まず、1つめのパーツは**「ハガキ」**だ。

ハガキは、アプローチレターのなかで一番はじめにお客様の家に届くものだ。最初の印象が悪ければ、その後どんなにいいアプローチレターを送ったところで、その効果は薄れてしまう。したがって、ハガキだからといって軽視することはできない。

さて、お客様にハガキを出す第一の目的は、お会いしたことに対して**「お礼の気持ち」**を伝えるところにある。先ほども説明したとおり、ハガキはお客様と初めて会う前の「前フリ」としても活用できる。しかし、会う前に書けることには限度があるので、ここからは一度お会いしたお客様という前提で説明していく。

そこであなたに質問。

あなたは、お会いしたお客様にお礼状を書いているだろうか？

「もちろん出しているよ」という方もいれば、「ウチの会社はお礼状ではなく、お礼訪問をしている」という方もいるだろう。

私の場合は長年、お礼訪問をしていた。展示場に来店いただいたお客様の家に、その夜タオルをもってお礼の気持ちを伝えに行くのだ。ごくまれにではあるが、営業マンを歓迎してくれるお客様もいるだろう。しかし、ほとんどのお客様は、営業マンが突然、訪問したことに対して嫌悪感を抱く。


「ちょっと見に行っただけなのに、もう営業マンが来ちゃったよ」

「うわさでは聞いていたけど、その日に訪問してきたぞ」

「これから毎日来られたらどうしよう」


このように、突然のお礼訪問に対してはイヤな印象をもつお客様のほうが圧倒的に多い。

では、お礼訪問をやめてどうするのか？

そう、かわりをハガキにやってもらえばいい。そのほうがお客様に気持ちが伝わる。お礼のハガキが送られてきて、「このやろう！『お礼ハガキ』なんて送ってきやがって！」と怒る人は、まずいないだろう。

「なるほど、お礼訪問をハガキにしてもらえばいいのか。でも、せっかく送るのだったら、ハガキではなくて自分の考えを書いた手紙を送ったほうが、より効果があるのでは？」と思う方もいるかもしれない。しかし、

お客様に最初に送るときは、必ずハガキで出したほうがいい。


なぜかというと、手紙を送った場合は、中身を見る前に捨てられてしまうこともあるからだ。ハガキであれば、「開封してもらえるだろうか？」と心配する必要はない。じっくりと読んでもらえるかどうかまでは保証できないが、最悪でもチラッとは見てもらえる可能性が高い。

そういった意味でも、最初の1通はハガキを出すのがベストだ。

ハガキに「売り込み」の文章は絶対的にタブー

お客様にお礼の気持ちを伝えるにはハガキが最適――。では、ハガキにはどんなことを書けばいいのか?

ポイントは2つある。

①来場やお会いさせていただいことに対してのお礼を書く

②次回送る営業レター(アプローチレター)の予告をしておく

ハガキに書く内容は当たり前のことでいい。しかし、ここで1つだけ注意してもらいたいことがある。それは、1回目で送るハガキでは、

「ご提案だけでもさせてください」

「ぜひ見積りだけでも出させてください」

などといった**「売り込みを感じさせる文章を入れてはならない」**ということだ。いきなりそういった内容のハガキを送ってしまうと、お客様に「今後しつこく営業をかけられるのかなあ」と悪印象を与えてしまう。せっかく送ったのに、これでは逆効果だ。

1通目のハガキを出す目的は、お客様にお会いさせていただいたお礼を伝えて、いい印象をもってもらうことにある。

絶対に売り込みを感じさせる文章は入れない――。

これだけは肝に銘じて欲しい。

さて、ハガキについてもう少しふれておくと、私のセミナーに参加いただいた方から次のような質問をよくいただく。

「お礼状は、やはり手書きのほうがいいのでしょうか?」

もちろん、ハガキはできるかぎり手書きにしたほうがいい。しかし、1通1通を手書きするのはなかなか難しい方もいるだろう。そんなときはこうしてほしい。

忙しくて時間がとれないときは、固定文は印刷して、たとえばフキダシなどの部分だけ手書きで送ってみる。

「趣味が一緒だったので親近感がもてました」
「同じ世代なので話が合いそうですね」

このような一文を書き添えることによって、お客様との距離が縮まる可能性が高まる。もちろんのことだが、ここでも売り込みを感じさせる文章は厳禁だ。また、あなたの顔写真や連絡先を掲載することも忘れてはならない。

少しでもいいから、手書きの文章を入れたほうがベター

先日は○○ホームの展示場にご来場いただき
ありがとうございました。後日家づくりに役立つ資料を
お送りしますので、よろしければご参照ください。

文章が書き込めるフキダシをつくっておく

○○ホーム(株)
連絡はこちらへ→○○－○○○○－○○○○
メールはこちらへ→　kikuhara@abcdef.ne.jp
菊原　智明

先日は○○ホームの展示場にご来場いただき
ありがとうございました。後日家づくりに役立つ資料を
お送りしますので、よろしければご参照ください。

同年代ということで
よろしくお付き合い下さい。

○○ホーム(株)
連絡はこちらへ→○○－○○○○－○○○○
メールはこちらへ→　kikuhara@abcdef.ne.jp
菊原　智明

※売り込みの文章は厳禁

なぜ、「自己紹介文」が重要なのか？

次に「アプローチレター」のパーツの2つめ、**「自己紹介文」**を説明しよう。自己紹介文では、いうまでもなく自分のことを知ってもらうことが重要なポイントになる。

どうして自己紹介文が重要なのか？

どうして自分のことを知ってもらう必要があるのか？

それは、「お客様は知らない人の意見には耳を貸さない」からだ。

あなた自身のことを考えてみてほしい。よく知らない営業マンから届くＤＭや郵送物を真剣に読むだろうか？

そんなことはないはずだ。得体の知れない営業マンから届いたＤＭや郵送物は、ほとんど見ないで捨ててしまうのではないだろうか。

67ページに掲載したスケジュールを見てもらったとおり、アプローチレターは、今後数回にわたってお客様へ送り続けることになるものだ。

せっかくお客様に役立つ情報を提供したのに、読まずに捨てられてしまっては意味がない。だからこそ、ハガキの次は自己紹介文を送って、お客様にあなたという人間をよく知ってもらうことが大切になってくるのだ。

アプローチレターをうまく機能させるには、**「自分のことを知ってもらう」**というプロセスを抜くことはできない。逆にいえば、お客様が一度でもあなたのことを認知すれば、今後送り続けるアプローチレターをじっくり見てもらえる可能性が高くなるのだ。

お客様に読んでもらう秘訣は「物語」にある

自分のことを知ってもらうことが大切だということはご理解いただけたと思う。では、次のような自己紹介文はどうだろう?

菊原　智明
群馬県高崎市出身/1972年10月30日生まれ/さそり座/B型
○○高校卒業/○○大学卒業
趣味はゴルフと陶芸
ファイナンシャルプランナー二級
書道三段
(以下、略)

もし、あなたにこんな自己紹介文が届いたら、どう思うだろうか？　おそらく、ほとんどの方は興味をもたないだろう。

本来、人間は自分のこと以外は興味を示さないもの。特に、自分が知らない営業マンの趣味や星座になど、まったく興味はない。また、事実の羅列では、だれも興味をもたない。そんな自己紹介文を送ってしまうと、むしろ逆効果になることさえある。では、どうしたら興味をもって読んでもらえるのか？

ズバリ、自己紹介文を「物語」にしてしまえばいい。

人は、なぜか物語を読んでしまうものだ。「専門的な本は苦手だけど、小説だったら大好き」という方も多いのではないだろうか。しかし、いくら物語化するのがいいからといって、次のような文章では意味がない。

中学時代に生徒会長をやっていました。
部活動では陸上部に所属して毎日汗を流していました。

その努力の甲斐もあり、中学2年からは短距離で全国大会に出ました。その後、〇〇高校、そして〇〇大学へ進み……。

これなど自分勝手な一方通行のアピールにすぎないし、仮にあなたを知ってもらったところで、たいした効果は望めない。一番大切なのは、自己紹介を物語にして、あなたのことをよく知ってもらったうえで、

あなたのエピソード（物語）がお客様にとってどうメリットになるのか？

という点を伝えることなのだ。

残念ながら、お客様はあなたのことには興味がない。興味があるのは、あくまでも「その営業マンとつき合って自分にどうメリットがあるのか？」ということなのだ。

じつに単純！ お客様はこんな「自己紹介文」に弱い

お客様が営業マンから感じるメリットとは何か？

お客様は、「いい営業マン」から商品を買いたいと思っている。

では、いい営業マンとはどんなものか？

成績のいい営業マンという場合があるかもしれない。商品知識が豊富な営業マンという場合もあるだろう。しかし、お客様の意見として意外に多いのが、**「自社の商品に対して思い入れが強い営業マンから買いたい」**というものだ。よく考えてみれば、これは当然のことかもしれない。

お客様にしてみれば、何も自社の商品を嫌いな営業マンから買いたいとは思わないだろう。だからお客様へ、**「商品に対するあなたの思い」**を伝えることが大切になる。

ここで私の例を見てほしい（84、85ページ参照）。幸か不幸か、私は自分が住んでいた家が欠陥住宅であった経験がある。どうしてこの経験がお客様のメリットになるのか？

まず、お客様にしてみれば、「欠陥住宅の被害にあった人は絶対に欠陥住宅をすすめてこない」と直感的に思うだろう。つまり、この自己紹介文を読んだお客様は、「欠陥住宅をつかまされる心配から逃れられる」というメリットを感じるのだ。

私の自己紹介文は、子どもの頃に体験した増築部分のことを正直に語ったものだ。これを送るようになってから、お客様からよくこんなふうに声をかけてもらえるようになった。

「大変な思いをされたのですね」

「菊原さんだったら、絶対に欠陥住宅を建てたりしないですよね」

今から考えると、この自己紹介文がお客様へ大きなインパクトを与えていたのだと思う。とはいえ、なかには「オイオイ、私にはそんな都合のいいエピソードなんかないよ！」と思う方もいるだろう。

基本的にはどんなエピソードでもいいのだ。

自己紹介文の目的は、自分をさらけ出したうえで、自分とのつき合いがお客様にとってメリットがあると感じてもらうことだ。たとえばこんなものはどうだろうか？

私も以前から〇〇を使っていますが、その商品のよさを毎日実感しています。このよさを1人でも多くの方に伝えたくて、この仕事をしております。

その意味では、「気持ちをこめて書くこと」もポイントになる。

気持ちをこめて書いた自己紹介文は、間違いなくお客様の心に響く。

ぜひ、あなたも気持ちをこめて自己紹介文を書いてほしい。

見るたびに増築部分がヒドくなってきているのです。あるときフローリングの上に厚手のカーペットのような物が置いてありました。私が理由を聞くと「床が抜けそうなのでとりあえず置いた」というのです。

「床にバネが入っているみたいだろ？」と笑いながらいう母親の目は悲しそうだったことをよく覚えています。私や母より悔しい思いをしたのは父です。それほど多くない稼ぎのなかから必死で貯めたお金でつくったのですから。

当時、私の大学の専攻は工学部の機械科。住宅とはまったく関係ない世界です。しかし、この増築部分の経験から「こんな思いはしたくないし、させたくない」と強く心に思ったものです。

機械関係の会社も何社か受けましたが、どうしても住宅のことが頭から離れませんでした。私は大学からの推薦をすべて辞退し、住宅営業の世界に飛び込むことに決めたのです。その後15 ～ 20社を見学し、8社の入社試験を受けました。そしてこの○○ホームへの入社が決まりました。

私の会社は工場生産が主です。「これなら欠陥住宅にはならないし、自信をもってすすめられるぞ」と当時何も知らない私にも感じるものがありました。それから早○○年。お陰様で○○棟以上のお客様の家づくりのお手伝いをさせていただきました。毎年年末にはカレンダーを持って訪問しています。住んでいただいているお客様が安心して暮らしているのを見て、いつも幸せな気分になります。

私も3年前から私の会社の家に住んでいますが、本当に快適です。心からこの家にしてよかったと思っています。

これからも皆様のよい家づくりのお手伝いができるよう、よりいっそう精進していきます。

○○ホーム㈱

連絡はこちらへ→○○－○○○○－○○○○
メールはこちらへ→　kikuhara@abcdef.ne.jp
菊原　智明

自己紹介文は「物語」形式で書こう

私が住宅営業になったきっかけ～自己紹介にかえて～

私は公社で分譲したコンクリートブロックの平屋の家で生まれ育ちました。33年前の話です。

冬は比較的暖かいのですが、夏は死ぬほど暑い。今の家のように通気性などはまったく考えられていませんので、窓を開けても風は通りませんでした。というか窓のない部屋もありました。しかし、構造面はしっかりしていたので、安心した生活を送ることができました。

私が6歳の頃に妹が生まれ、20坪の我が家は手狭になってきました。そこで、私の父は増築を考えるようになりました。当時は住宅展示場などありませんから、親戚のつてで、ある工務店さんに増築工事を依頼しました。

しかし、やっとのことで完成した10坪の増築部分は、今でいう欠陥住宅だったのです。気づいたのは増築後1～2年でしょうか。まずは引き戸の開閉が困難になってきました。

その後は「床なり」「床の沈み」「壁の隙間」など、さまざまな問題に苦しめられました。もちろん建築した工務店には修理を依頼しましたが、手直しに来ることはありませんでした。

私が高校生になる頃、近くに新幹線が通ることになりました。そこで起こったのが家の揺れです。なんと新幹線が通るたびに増築部分だけグラグラと揺れるのです。家族間でいろいろと悩みましたが、だれも助けてくれません。工事した工務店は、すでに倒産してました。

大学へ進学した私は、実家からは離れました。一人暮らしの大変さ（掃除、洗濯、料理など）が身に染みてわかり、母親を自然に尊敬できるようになったものです。学生時代は実家に帰ることも少なくなりました。そんななかでも、実家に帰るといつも気になることがありました。

ウソやつくり話は必ずボロが出る

さて、ここであらためて今までのポイントをまとめておこう。
自己紹介文を書くうえでの注意点は、次の2点だ。

①自分の人となりを知ってもらう
②自分のエピソードが、なぜお客様にとってメリットになるのかを伝える

これに加えて、もう1つ注意してもらいたいことがある。
それは、「ウソを書いてはならない」ということだ。
ウソやつくり話は必ずお客様に見透かされる。もし巧妙にウソをつくり上げたとしても、そのエピソードについて質問されたときに必ずボロが出る。お客様は商談を進めていくうえで、変な違和感を覚えてくるもの。

「あれ？　何かおかしいな」

「さっきいってたことと矛盾しているのでは？」

「本当にこの営業マンを信用していいのか？」

したがって、お客様から反応があったとしても、契約には至らない場合が多くなる。だから、あなたも本当のことを書いてほしい。

ここでは文章のうまい、下手はほとんど関係ない。むしろ下手なほうが伝わることが多い。

大事なことなので繰り返すが、気持ちのこもった文章はうまい下手にかかわらず、お客様の心に響く。とにかく気持ちをこめて書いてみよう。

普通の「挨拶文」ではもったいなさすぎる！

自己紹介文のポイントはご理解いただけただろうか。次はアプローチレターのパーツの３つめ、**「挨拶文」**について説明をする。先にお話したように、挨拶文とは次章で説明する**「お役立ち情報」**に同封するものだ。

まずは私が実際に送っていた挨拶文を見てほしい（次ページ参照）。私はずっとこのような挨拶文を送っていた。一見、何の問題もないように見える。顔写真も入っているし、連絡先も明記してある。したがって、私のことをよく覚えているお客様に対してこの挨拶文を送るぶんには、何の問題もない。

しかし、少し時間がたってしまって、私のことを忘れてしまっているお客様に対してはどうだろう。これではせっかくのアプローチレターの効果が、たいしたものではなくなるのではないか？

そこで私は、「挨拶文を進化させる必要がある」と考えたのだ。

一見、問題はなさそうだが……──【進化前】

お世話になります。
○○ホームの菊原です。

今回は「サンプルの色とぜんぜん違うじゃない!」をお送りいたします。
サンプルで見る色と実際の色とではイメージが違ってくる場合があります。
この失敗例を知るのと知らないのとでは、今後の家づくりに大きく影響してきます。

必ず将来の家づくりのお役に立ちますので、一度は目を通してください。

よろしくお願いいたします。

○○ホーム(株)
連絡はこちらへ→○○-○○○○-○○○○
メールはこちらへ→kikuhara@abcdef.ne.jp
菊原　智明

ちょっとした工夫でお客様の反応はガラリと変わる

では、具体的にはどうしたのか？
私は今までの挨拶文の本段に入る前に、下記のような文章を書き加えた。

①自分を知ってもらう一文を書き加える
②お客様をねぎらう文章を書き加える

わずか数行の文章を加えることで、徐々に手ごたえを感じられるようになった。
この挨拶文の効果を実感したのは、お客様とのこんなやりとりからだ。

お客様「菊原さんのところは何カ月ですか？」
私「あれ？　子どもの話なんてしましたっけ？」

わずか数行で反応率がグンとアップ！――【進化後】

こんにちは。

最近子どもがなついてきてうれしい菊原です。

❶ 自分を知ってもらう一文

だんだん暖かくなってきましたが、まだまだ寒い日が続きます。気温差が激しいですから体調管理には十分お気をつけください。

❷ お客様をねぎらう一文

さて、今回は「サンプルの色とぜんぜん違うじゃない!」をお送りいたします。

サンプルで見る色と実際の色とではイメージが違ってくる場合があります。

この失敗例を知るのと知らないのとでは、今後の家づくりに大きく影響してきます。

必ず将来の家づくりのお役に立ちますので、一度は目を通してください。

よろしくお願いいたします。

○○ホーム㈱
連絡はこちらへ→○○-○○○○-○○○○
メールはこちらへ→kikuhara@abcdef.ne.jp
菊原　智明

お客様「前もらった手紙に書いてあったものですから」

こういった形で、お客様は私のことに多少なりとも興味をもってくれるようになったのである。たしかにお役立ち情報を送るだけでも、お客様はある程度は喜んでくれるだろう。しかし、そこに「進化させた挨拶文」を同封すれば、お客様はより親近感を抱いてくれるのだ。そうなれば、商談も驚くほどスムーズに進む。たかだか1~2行の文章だが、その効果は決してあなどれないのだ。

さて、ここで以下のような疑問をもつ方もいるだろう。
「進化させた挨拶文が効果的なのはわかった。でも、『自分』を知ってもらうということでいえば、自己紹介文で十分なのでは?」

違いを説明しておこう。挨拶文はお役立ち情報を送るたびに同封するものだ。したがって、お客様に数回にわたって自分のことを伝えられる。

そう、何度もお客様が目にするので、**「すり込み」**の効果があるのだ。さらに、自己紹介文のような長文ではなく1~2行の文章なので、お客様が読んでくれる可能性も高い。その意味でも、挨拶文が果たしている役割は非常に大きいのだ。

あなたの「誠実さ」をどうお客様に伝えるか？

では、次にお客様に具体的に何を伝えればいいのかについて説明する。

まず、ここであなたに質問。

お客様はどういった営業マンを探しているのか？

先ほど説明したように、「自社の商品に思い入れが強い営業マン」というのも1つの要素になる。また、お客様は一般的に「真面目」で「正直」で「信用できる」営業マンを探しているといわれている。

たとえば、次のようなものはどうだろう。

真面目で正直な○○ホームの菊原です
お客様から信用されている菊原です

残念ながら、こう書いたところで、お客様には伝わらないだろう。なぜなら、上記の文章には**「エピソード」**がないし、営業マンの**「人間性」**も感じられないからだ。では、「真面目」で「正直」で「信用できる」営業マンだと思ってもらうには、どうすればいいのか？

そんなに難しく考えることはない。当たり前のことを書けばいい。

私は子どもが生まれてからは、91ページに掲載したような文章にしていた。

最近子どもがなついてきてうれしい菊原です

一般的に営業マンが結婚をしていて子どもがいると、お客様の信頼度は上がるものだ。「家庭をもっているなら、すぐには辞めないだろうし、信用できるかもしれない」と感じてもらえる可能性が高いからだ。ちなみに子どもが生まれる前は、次のような文章にしていた。

陶芸にはまっている菊原です
家庭菜園に凝っている菊原です

「陶芸が趣味」と書いて送っているときは、よくお客様とこんな会話になった。

お客様「菊原さんはどんなものをつくっているのですか?」
私「芸術的センスがないので、湯飲みとか食器類が多いですね。今度差し上げますよ」
お客様「いいんですか?」
私「でき上がったものがどんどん増えちゃって、困っているんですよ」

また、「家庭菜園が趣味」というと、「早起きで真面目な人」という印象を与えられる可能性が高い。

「私には陶芸や家庭菜園といったような、いい印象を与えられる趣味はないよ」

なかにはこう思う方もいるかもしれない。

どうしても思いつかないときは、家族や友人にあなたの**「長所」**を聞いてみればいい。

「私のいいところってどこかなあ?」

自分ではわからない長所に気づくかもしれない。そこに何らかのエピソードをつなげていけばいいのだ。

お客様がその文章を見てどう思うか？

挨拶文を書くときには、そこに焦点を当ててほしい。

さて、以上で「アプローチレター」の4つのパーツのうちの3つまでを説明した。残っているのは、4つめの**「お役立ち情報」**。このお役立ち情報は、アプローチレターのパーツのなかでも最も重要なツールになる。

お役立ち情報の最大の特徴は「数回のシリーズにする」こと。

お客様に送るお役立ち情報をシリーズ化して送っている営業マンは、きわめて少ない。だからこそ、お客様の印象に強く残り、ライバルに差をつけることができる。

では、そんなシリーズ化したお役立ち情報とはどんなものだろうか？
次の章で詳しく見ていくことにしよう。

第3章 シリーズ化であなたの印象度がアップ！——「お役立ち情報」

お客様にとって「本当に役に立つ情報」とは何か？

さて、本章では私が実践していた「アプローチレター」の4つのパーツの中核部分である「お役立ち情報」について説明していこう。

まず、お役立ち情報とは何か？

それは文字どおり「お客様にとって本当の意味で役に立つ情報を伝える資料」のことだ。

では、本当の意味で役に立つ情報とは、どんなものだろうか？

たとえば、次のようなものは、お客様にとって本当に役に立つ情報ではない。

●値引きキャンペーンの知らせ
●自社の商品のよさを説明した資料
●無料見積りの提案

こんなことをいうと、反論する方がいるかもしれない。

「値引きの情報はお客様がトクをするんだから知りたいはずだ！」
「自社の商品のよさをお客様に伝えなきゃ他社と差別化できないじゃないか！」
「見積りを無料でやってあげるんだから、声をかけてくれるはずだ！」

気持ちはよくわかる。だが残念ながら、お客様はそのような情報は必要としていない。

正確にいえば、まだ必要としていないといったほうが正しい。上記のような情報は、まさに今購入しようと思っているお客様にのみ参考になる。

お客様が上記のような情報に興味をもたない理由はたった1つ。

お客様は、まだあなたの商品を検討しようとは思っていないからだ。

まだ検討するかどうかわからない商品の値引きキャンペーンや商品説明の資料を見ても、何も感じないのだ。ましてや見積りなど絶対にお願いしてこない。「うっかり見積りなんか頼んじゃったら、後で何されるかわからない」ことを、お客様は体験的に知っている。では、どんな情報がお客様にとって本当に役に立つのか？

一言で説明すると、それはズバリ、

営業マンが隠したがっている情報や、すでにその商品を購入したお客様の失敗例などだ。

詳しくは後で説明するが、そういう情報ならお客様も比較的抵抗なく受け入れてくれる。

繰り返しになるが、お客様にとって本当に役に立つ情報を提供すること――。

まずはこのことをしっかりと理解してほしい。

「お役立ち情報」はシリーズ化してこそ意味がある

お役立ち情報に関していえば、もう1つ重要なことがある。

それは、お役立ち情報、つまり失敗談などはいっぺんにお客様へ送るのではなく、1回1話にして**「シリーズ化」**（67ページ参照）することで、よりいっそうの効果が上がる、ということだ。

そう、先にもお話したように、アプローチレターをはじめとする営業レターの最大の特徴は、お客様へ送るお役立ち情報をシリーズ化するということなのだ。

では、どうしてシリーズ化すると、よりいっそうの効果があるのか？

その理由は、大きく分けると以下の2つになる。

理由① 人はシリーズものを集めたくなる習性がある

ここでちょっと考えてほしいのだが、あなたもこれまでの人生のなかで、何かシリーズものを集めた経験はないだろうか？　たとえば筋肉マンの消しゴムやガンダムのプラモデル、さらには漫画本など――何かしらシリーズ化されたものを集めた経験があるのではないかと思う。

そう、人にはなぜか**「シリーズものを集めたくなる」**という習性があるのだ。お役立ち情報に関しても同様だ。シリーズ化して送るようになって以来、私は次のような言葉を、しばしばお客様からかけられるようになった。

「菊原さんから送ってもらった資料は第1号から第12号まで、きちんと保管してありますよ」

また、保管するところまではいかないにしても、シリーズ化したものを送ることで、より私のことをお客様に印象づけられるという効果もあった。

「いつもオーナーのお客様の失敗例を送ってくれる菊原さんね」

これが1回出して終わりにしていたら、どうなっていただろう。少なくとも、わざわざ保管をしてくれることはなかっただろうし、お客様の印象に残ることも、ほとんどなかっただろう。

理由② 常にお客様との接点がもてるようになる

「なぜ常にお客様との接点をもたなければいけないの？」

あなたはこう思われたかもしれない。

なぜなら「お客様は営業マンのことをすぐに忘れてしまう」ものだからである。

「検討するときは○○さんに声をかけますから」

そういわれて待っていても、お客様が声をかけてくれる可能性はきわめて低い。

日頃から何らかの形で接点をもっていないとどうなるか？

いざお客様がその商品を検討する段階になったときに、他の営業マンに声をかけてしまう、ということにもなりかねないのだ。これはお客様が悪いのではない。自分の存在を忘れさせた営業マンが悪いのだ。その意味でも、お役立ち情報をシリーズ化して定期的に送り続けることが大切になる。

あなたも、次のような経験がないだろうか?

「このお客様が真剣に検討するのはもっと先のことだろう」と思っていて、しばらく何の連絡もしていなかったが、その後コンタクトをとってみると、すでに他社で決まっていた——。恥ずかしながら、私はこのような経験を何度もした。

では、お客様は営業マンにウソをついたのだろうか?

もちろん、本心を話さないお客様もいる。しかし、これは私の体験から自信をもっていえるのだが、その時点では本当にまだ先のことだと考えていた、というお客様は実際に多いのだ。

ただし、「そのうち買おう」と思っているお客様でも、他の営業マンからいい情報をもらったり、仲のいい友人がその商品を購入したことで触発されるようなケースもあるだろう。

そう、営業マンが知らないうちに一気に購買意欲が盛り上がっているケースもあるのだ。そこで営業マンとしては、このチャンスを逃がさないように毎月訪問したり、電話したりするのだが、お客様にしてみれば、「その後、どうですか？」といわれればウンザリする。

2～3回、このようなお伺いの訪問や電話をされた時点で、こう答えるだろう。

「いやあ、知り合いのところに決めてしまいました」

これがお役立ち情報を定期的に送っていたらどうだろう？

お役立ち情報を通して常に接点をもっていれば、いざお客様の購入意欲が盛り上がったときのチャンスをつかむことができる。そのためにも、お役立ち情報をシリーズ化しておくべきなのである。

「お役立ち情報」をつくるときについ陥ってしまう3つの勘違い

お役立ち情報をシリーズ化する理由はご理解いただけただろうか？

それでは、次にお役立ち情報をシリーズ化するうえでの3つの勘違いについて見ていくことにしよう。

勘違い① 毎回違うテーマの情報を送ったほうが効果があるのでは？

まずあげられるのが、「毎回違うテーマのほうがお客様も飽きないし、よく見てくれるのではないか？」と考えてしまうというものだ。実際に、私が開催しているセミナーの参加者からも、よくこのような質問をいただく。たしかに、お役立ち情報を送るときにテーマを毎回変える方法もある。

たとえば住宅業界では、次のようなものが考えられる。

No.1　借り入れ方法の落とし穴
No.2　オーナーのお客様の喜びの声
No.3　100円ショップ活用術

たしかに効果があるような気がする。

では、次にテーマを1つにした場合を見てほしい。

No.1　オーナーのお客様の失敗例――【思っていた大きさと違う!編】
No.2　オーナーのお客様の失敗例――【サンプルの色とぜんぜん違うじゃない!編】
No.3　オーナーのお客様の失敗例――【契約後に追加料金が出るなんて!編】

いかがだろう。テーマを毎回変える場合と1つのテーマに絞った場合、どちらのほうが興味をもてるだろうか?

1つのテーマのほうが、何となくわかりやすい感じがしないだろうか?

営業マンとしては、お客様のためを思っていろいろな情報を提供しているのだろう。しかし、その思いとは裏腹に、お客様はかえって混乱してしまう危険性がある。だからこそ1つのテーマで何回も送ったほうがお客様は理解しやすいし、効果も高まるのだ。

勘違い② 商品のいい点をアピールしたほうが効果的なのでは？

これもよくある勘違いだ。

「せっかく何回も送るのだから、商品のいい点をどんどんお客様に伝えたほうが効果があるのでは？」

こんな考えから、ついお客様にはじめから自社商品のいい点をどんどんアピールしてしまうのだろう。しかし、残念なことにそういった情報を送っても、お客様は喜ばない。また、このように自社商品のいい点をアピールしたものはお役立ち情報ではない。

「商品のいい点を知ってもらえば、お客様にとっても役に立つじゃないか！」と反論する方もいるかもしれない。では、どうして自社商品のいい点をアピールしてはいけないのか？

その理由は、この章の冒頭でも説明したように、

お客様は、あなたの会社で検討することを、まだ決めていないからだ。

お客様は「その商品を欲しいな」と思ったとしても、まだ具体的にどこの会社のものを検討するかまでは決まっていないことが多い。つまり、お客様はまだそういった情報を欲しがっていないのである。

そこへ自社の商品をアピールした資料を送ったらどうなるか？　お客様から嫌われ、無視され続けることになる。営業サイドの一方的な商品のアピールは、かえって迷惑になるだけなのだ。

勘違い③　誘導しなければお客様は動かないのでは？

この勘違いをしている方もけっこう多い。

実際に私のところにも、「たしかにお客様に役立つ情報を送るのがいいのはわかった。でも、それだけじゃお客様から声をかけてもらえないのでは？」という

疑問の声が寄せられる。いや、ほとんどの方がそう考え、お役立ち情報のなかにお客様を誘導する文章を入れてしまっているようだ。たとえば、こんな感じだ。

【○○市○○様のケース】
○○様は○○を購入しました。
しかし購入前に○○を確認しなかったため大変後悔しています。
どうしてでしょうか？
←
その答えを知りたい方はこちらへご連絡ください。
連絡は今すぐ
○○―○○○○―○○○○（以下、略）

たしかに思わず電話をしてしまいたくなる。
実際、このような誘導文でお客様から電話がかかってくることもあるだろう。
しかし、これではお客様から「反応」を得られたとしても、「信用」を得られることはまずない。なぜなら、上記のような文章からは**「お客様を誘導しようという意図」**が伝わってしまうからだ。

お客様は営業マンに誘導されたいとは思っていない。お客様は**「商売にならない情報」**を提供してくれる営業マンを信頼するのだ。そして商品を購入するときは、一番信頼している営業マンに頼みたいだろう。

ここであなたに質問がある。

A、B、Cのうち、どのタイプの営業マンに声をかけたいだろうか？

A　毎月「その後、どうですか？」とお伺い訪問をしてくる営業マン

B　たまに売り込みのDMを送ってくる営業マン

C　定期的にお役立ち情報を送ってくる営業マン

Cと答えた方が多いのではないだろうか。しかし、Cと答えた方のなかにはA、Bのスタイルをとっている方も少なからずいるはずだ。どうしてそうなってしまうのか？

それは、人はいったん売る立場になってしまうと、当たり前のことでさえも気づかなくなってしまう傾向があるからだと私は思っている。

だれでも自分が買う立場になれば、お客様の気持ちがよく理解できる。だからこそ、常に**「自分だったらどう思うか?」**という考えを忘れてはならないのだ。

営業マンが「知られたくない情報」ほどお客様は知りたがっている

「お役立ち情報」はシリーズ化してこそ意味がある。また、その際にやってはいけないことについてもお話しした。では次に、**「どうやってネタを探せばいいのか?」**ということを具体的に説明していこう。

まずネタになるものとして最初にあげられるのは、本章の冒頭でもお話した、

営業マンが「これはお客様に知られたくない」と思っていることである。

あなたにも、「お客様にこれを知られたらマズイ」ということはないだろうか？　どんな業種でも、必ずいくつかあるはずだ。たとえば住宅や車、リフォーム工事には、本体価格の他にも別途にかかる費用がある。そして、これがかなりの金額になる。

親切な営業マンであれば、そのことをはじめから教えてくれるだろう。しかし、私は過去、説明しなくてはならないと知りながら、そうはしていなかった。「本体価格の他にそんな費用がかかると知ったら、お客様はひいてしまうだろう」と思っていたからだ。そのため、私はずっとずるい方法をとっていた。お客様がある程度のってきて話が進んだときに、小出しに説明していたのだ。だから売れなかったのだと思う。

他の例でいうと、住宅業界の場合、カタログには最上級のオプションをふんだんに装備している写真が載っているケースが多い。カタログと同じ仕様に変更すれば、かなりの金額アップになることを営業マンはよく知っている。しかし、お客様はそれを理解していないケースが多い。
私はオプションについては、お客様から聞かれるまで説明することはなかった。そして、契約後にこう説明していた。

私　「こちらはオプションになります」
お客様「えっ！　聞いてないですよ」
私　「形状は似ていますが、ここところが違ってくるんです」
お客様「カタログに載っているタイプに変更すると、いくらかかるのですか？」
私　「そうですねえ、15〜20万円くらいでしょうか」
お客様「……」

本当に最低の営業マンだ（過去の私）。当然のことだが、私はこのような営業スタイルをとっていたので、トラブルやクレームが多かった。
さて、以前の私のように、自分にとって都合の悪いことをお客様に正直にいう営業マンは意外に少ない。そんななか、お客様に知られたくない情報を自ら提供してくれる営業マンがいたら、お客様はどう思うだろうか？

間違いなく一目置かれ、信頼されるようになるだろう。

私はあるときから、お客様に知られたくないことを隠すのではなく、自分の戒めのためにも、お客様に営業レターを通して知ってもらうようにした。それから反応率が飛躍的にアップしたのである。ちなみに次ページで紹介しているのは、「契約後の追加料金」についてのものだ。

こういったお役立ち情報を送ることで、お客様に対して「この営業マンは大事なことを隠したまま契約を迫るようなことはしないだろう」という印象を与えられる。

営業マンが「知られたくない」と思っていることをこちらから先に伝える——。

その効果は絶大だ。

Q 「契約後の追加料金の問題」を未然に防ぐには?

なぜ契約後に追加金額が発生してしまうのでしょうか?

その理由は「契約にどこまで含まれているのか」ということをはっきりさせないまま契約してしまっているからです。

例えば「地盤補強工事」はどうでしょう?

「別途見積り」と表記されていたのかもしれません。

また、建物の金額には〔外構工事〕や〔登記料や火災保険などの諸費用〕が含まれていない場合も少なくありません。

A 解決策

① 契約前にどこまで含まれているかよく確認する

建物は本体以外にかかる費用がたくさんあります。特に「地盤補強工事」は100 ～ 150万円の費用がかかる場合もあります。

必ず契約前に費用の確認をしておくことをおすすめします。また、引渡しの後にかかる費用、税金なども予算に入れておいたほうが賢明です。

② 営業マンに質問する

初めて家を建てる方は、他にどんな費用がかかるのかがわかりません。そんなときは担当営業にこう質問してみてください。

「この見積り以外にかかる費用は何でしょうか?」

この質問をすることにより、後から多額の追加料金が出て困ることは少なくなります。


次回は『現場監督からぜんぜん連絡がこないじゃないか!』をお送りします。

「知られたくない情報」こそ、きちんと公開しよう

第3号 お役立ち情報

――契約後の追加料金について

契約後に**追加料金**が出るなんて！

ちょっと間取りを変えただけなのに
100万円以上も上がった！

地盤補強の費用が100万円もかかるなんて、**聞いていないよ！**

建物を小さくしたのに
金額が上がるなんて理解できない！

契約後の追加料金のトラブルは非常に大きな問題になります。
契約後の追加料金の解決法は別紙へ（次）

他のお客様の失敗例は「お役立ち情報」最強のネタになる

お客様にとって本当に役に立つ情報のネタの2つめは、「他人の失敗例」だ。「失敗例？　成功例の間違いじゃないの？」と思うかもしれない。

ここで、あらためてよく考えてみてほしい。私も含め、ほとんどの人は「いい商品を購入したい」「いい条件で購入したい」と思っている反面、**「自分だけは絶対に失敗したくない」**と強く思っているのではないか？

商品といえばカタログがつきものだが、そこには失敗例というものはきわめて少ない。たとえば住宅会社の実例集に載っているのは、見るからにお金のかかった贅沢でハイセンスな家ばかり。40畳大のリビングに巨大な吹き抜け――。どう考えても一般人の住む家ではない。そんな別世界の実例を見せたところで、お客様から共感を得ることはできない。

実例集を見たお客様はこう思っている。

「ため息が出るほどすごいけど、こんなのウチにはとうていムリね」

実例集の家が豪華であればあるほど、お客様の気持ちは沈んでいく。しかし、そんな現実とはかけ離れた実例集よりも、お客様が興味をもつことがある。

それが「失敗例」なのだ。

たとえば住宅業界の場合、「コンセントの位置をよく考えていなかった！」といった入居後のお客様の失敗例があったら、ぜひ知りたいのではないだろうか？

（次ページ参照）

商品の情報はカタログやインターネットで比較的容易に手に入るが、お客様の失敗例はそうはいかない。そういった失敗例を、これから検討するお客様に向けて送る。そうすれば、今までの何倍も真剣にお役立ち情報を読んでくれるようになるだろう。

Q 「コンセントの問題」を未然に防ぐには？

やたらにコンセントの数を増やしても、意味がありません。営業マンが「ここところにあれば大丈夫です」といっても気をつけなくてはいけません。実際にそこで生活する人と、営業マンとの考え方は違います。具体的な生活をイメージして親身になってくれる営業マンに相談したほうがよいでしょう。

A 解決策

実際に住んでからでないと、正直どこにどれだけのコンセントが必要かはわかりません。打ち合わせのときは平面図しかないので……。

① 平面図上の部屋の大きさと似ている実際のモデルルームなどへ行って自分たちの生活スタイルをイメージする。
② 手持ちの家具、または購入予定の家具の寸法を調べて、平面図に書き入れて、家具（テレビ・パソコン・サイドボード・電話の位置など）のレイアウトを考える。
③ レイアウトがだいたい決まったら、再度モデルルームで家具のレイアウトを考え、実際に寸法や高さを測り、コンセントの位置を決める。

このように細かく検討しても、建築が始まって、電気配線の工事になった時点で、実際の現場で最終的に細かい確認と調整・移動をさせてもらえるかを確認することが大切です（させてもらえる会社は比較的安心といえます）。打ち合わせ時に標準の数と追加になる数の確認もお忘れなく。

次回は『庭が水びたしになるなんて！』をお送りします。

お客様は「他人の失敗例」に弱い

第7号 **お役立ち情報**

——コンセントの位置について

コンセントの位置をよく考えていなかった!

コンセントが家具に隠れてしまい
使えない!

コンセントの位置が悪くて
使いづらい!

せっかくの新居なのに
タコ足配線になってしまった!

平面図では、いいか悪いか
わからなかった!

コンセントの位置が不便で使いづらいという失敗例を
数多く聞きます。

コンセントの位置の解決法は別紙へ(次)

クレームの活かし方ひとつで結果は大きく変わる

お役立ち情報のネタとして有力なものの3つめは、お客様からの**「クレーム」**だ。営業マンをしている以上、あなたもお客様から何かしらクレームを受けているのではないだろうか?

先ほどお話したとおり、私はよくお客様からクレームをもらっていた。たとえば、ある家の建て替えを担当したときのことだが、引き渡し直前にお客様から大激怒の電話をもらった。

お客様「オイ!　何をやってるんだよ!」

私「なっ、何でしょうか?」

お客様「とにかく現場に来い!」

私「わかりました」

現場につくと、お客様が駐車場の前で仁王立ちしている。

私　「お世話になります」

お客様「この室外機の位置を見てみろ！」

私はハッとした。もともと狭い駐車場のなかにエアコンの室外機が設置されていたのだ。これでは車が駐車場に入らない。

私　「すっ、すいません！　すぐにやり直します」

そのときは室外機の位置を移動すればいいと単純に思っていた。しかし、外壁を交換したり内装をやり直したりといった具合に、とんでもない大工事になってしまったのだ。会社からは怒られ、お客様の信頼も失った。

それから数年後。営業レターを送るようになってから、私はこのときの失敗を資料にまとめ、これから家を検討するお客様に送ったところ、これが大好評。結果として、「エアコンの室外機がジャマで車がとめられない！」というお役立ち情報のシリーズの1つになった。

クレームはたしかにつらいものだ。クレームなどないほうがいいことも事実だろう。しかし、クレームがお役立ち情報のネタになるとわかれば、マイナス要素ばかりではなくなる。起こってしまったクレームはきちんと処理し、次のお客様へのお役立ち情報に変えてしまえばいいのだ。

「お客様に何か役立つものを」と考えてしまうと、なかなかネタが出てこないが、クレームであれば続々と湧き出てくるはずだ。もし、あなたがそれほどクレームを受けた経験がなかったとしても、上司や先輩にちょっと聞けば、イヤというほど教えてくれるはずだ。

1つのクレームがお客様のお役立ち情報になる――。

それがわかれば、モチベーションが下がることも少なくなる。まさに一石二鳥といえるのではないだろうか。

なお、次ページに掲載したのは、「結露について」のクレーム例だ。一般的に「ペアガラスにすれば、結露の心配は少なくなる」とよくいわれている。しかし、お客様にしてみれば、「本当にペアガラスにしただけで結露が少なくなるのか?」と思っているかもしれない。

そんなときにこうしたお役立ち情報を送れば、「この営業マンは他の営業マンと違うぞ」と思ってもらえる確率は高い。

あなたも、ぜひクレームをお役立ち情報として活用してほしい。

Q 「結露の問題」を未然に防ぐには?

室内の水蒸気を屋外に排出しなければ結露は防げません。機密性の高い現在の住宅では特に換気が必要です。どの住宅メーカーでも結露対策で換気システムを標準装備しています。

「24時間換気」というものが多いですが、どれも電気代がかかるものばかり。はじめは使っていたものの「電気代がもったいない!」と止めてしまう方がほとんどです。換気システムの電源をOFFにした場合の、結露対策について質問されるとよいでしょう

結露注意スポットBest3

❶ リビング（暖房温度が高く、調理などで水蒸気が発生しやすいため）

❷ 寝室（睡眠中の人間からは水分が多く発生するうえ、部屋を閉めきることが多いため）

※加湿器使用はほとんどの場合が結露します

❸ 2階の北側の部屋（水蒸気は階段から上昇し、北側の寒い部屋で発生しやすいため）

A 解決策

① 何といっても換気が一番大切。換気システムや、電源をOFFにした時の空気の流れをつくっておく。

② ストーブ・ファンヒーターなどは使用しない。ガスコンロをIHクッキングヒーターに変えるなど工夫する。

③ 洗濯物の室内干しは特に注意が必要。どうしても室内干しになる場合は、より充分な換気ができるようにしておく。

次回は『エアコンの室外機がジャマで車がとめられない!』をお送りします。

クレームが「お役立ち情報」の格好のネタに！

第10号 お役立ち情報
——結露について
結露しないと思っていたのに!
住んでみてから気がついた!
ペアガラスなのに結露が!
水回りのない
2Fの窓に結露が!
営業マンは大丈夫
といっていたのに!
予想以上に結露がひどい。
何かいい方法はないものか?
結露に関するクレームは数多くいただきます。
結露の問題の解決法は別紙へ（次）

意外な盲点！
家族や友人の意見も貴重なネタになる

「お役立ち情報」をつくる際には、営業マンが知られたくない情報や他人の失敗例、さらにはクレームが重要なネタになるということを説明した。しかし、お役立ち情報のネタは、それ以外のことからでも見つけられる。

たとえば、仕事を離れた**「日常の会話」**から見つかることも少なくない。いや、むしろ日常の会話から出てきたネタのほうが、いい内容になる場合もある。

以前、友人と飲みに行ったときに、こんなことを聞かれた。

「この前、住宅展示場に行ったんだけど、なんで金額を教えてくれないんだ？金額がわからなくちゃ検討のしようがないじゃないか」

たしかにそのとおりだ。住宅業界に長くいると、「一軒一軒みんな条件が違うため、はっきりした値段はいえない」のは当たり前のことなのだが、一般の人にはなかなか理解できないことだろう。そして、そんな疑問が**「不信」**につながることもあるのだ。
「だとするなら、自分の業界以外の人の素朴な疑問に答える形のお役立ち情報をつくってしまえばいい」
そう考えた私は、以後、住宅業界に対する疑問を家族や友人から徹底的に聞き出し、その疑問に対する答えを「お役立ち情報」という形でお客様に提供した。その結果はいうまでもないだろう。お客様に大変喜んでいただけた。

業界の常識は世間の非常識。

営業マンとしては「こんなこと説明するまでもない」と思っていることでも、お客様にとっては意外に役立つことが多いのだ。したがって、自分の業界以外の人からの疑問も強力なネタになる。あなたも家族や友人、その他の業界の人の話を聞いて、どんどんネタを増やしていこう。

「予告の言葉」が次のチャンスを広げる

さて、ここまで説明してきたことをネタとしてお役立ち情報をつくったとする。そのうえで、それらのお役立ち情報をシリーズ化していくことになるわけだが、その際にとても大切なポイントがある。

それは、「次回の予告」を入れることだ。

お役立ち情報の最後に**「次回は『〇〇』をお送りします」**という一文を入れておくのだ（ここまでに掲載した実例を参照）。これによって、次回の営業レター（お役立ち情報）に対するお客様の関心度は飛躍的にアップする。「次回は〇〇の情報が来るのか」といった具合に、楽しみにしてもらえるようになるのだ。

単なるお役立ち情報なら競合会社も送っているかもしれないが、私の知るかぎり、「次回の予告」を入れてシリーズ化している会社はほとんどない。その意味でも、お役立ち情報の最後に「次回の予告」を入れることが重要なのだ。なお、「次回の予告」を入れることには、それ以外にもメリットがある。

それは、「営業レターを送ることを習慣化できる」というものだ。

人が何かを始めるにあたっては、それを習慣化するまでが大変に感じるものだ。しかし、それが「次回は○○についての資料をお送りします」という一文を入れることで、イヤでもお客様へ送り続けなくてはならなくなる。かくいう私自身、もともとは習慣化が苦手なタイプだった。しかし、この一文を入れることで、これまでの間、続けられたのだ。

「次回の予告」の重要性はご理解いただけただろうか。

あなたがお役立ち情報を送る際には、必ず「次回の予告」を入れてほしい。

この手順で、あなた独自の「お役立ち情報」がつくれる！

ここまでは、「どんな内容のお役立ち情報がお客様に喜ばれるのか」ということを中心にお話してきた。そこでこの節では、実際にお役立ち情報をつくる手順について見ていくことにする。

まずは次の４つのポイントを押さえてほしい。これから説明するポイントは、あくまでも私のケースをもとにしているので、作成に慣れてきたら、自分なりにどんどんアレンジしていただいてもかまわない。ただし、はじめの１～２号までは基本どおりに作成することをおすすめする。

ポイント①　Ａ４用紙２枚でつくる

お役立ち情報は２枚構成でつくるのがベストだ。１枚にまとめることもできるが、後でお話するように１枚目が問題点、２枚目が解決策というように分けたほうが、お客様に理解してもらいやすい。また、枚数が多すぎると、お客様は頭のなかが混乱して、読んでくれなくなってしまう危険性がある。

その意味でも、お役立ち情報は2枚にすることをおすすめる。

ポイント②　1回に送るお役立ち情報は1つのテーマに絞る

「せっかく送るのだから、たくさん伝えたほうがいいのでは?」と思う方もいるかもしれない。しかし、一度に複数のテーマにしてしまうと、お客様はかえって混乱してしまう。

お客様の理解を深めるためにも、1回ワンテーマにしてほしい。

ポイント③　はじめに問題点を伝え、次に解決策を伝える

この順番はとても重要だ。問題点を前編とし、解決策を後編とする。その理由は、問題点が先でないと、解決策をよく読んでもらえないからである。

このルールは必ず守ってほしい。

ポイント④　1枚目の問題点はイラストなどを取り入れてわかりやすくする

いきなり難しい文章ばかり載っているようでは、お客様は読んでくれない。イラストや写真などを効果的に使い、視覚的に理解できるようにすれば、お客様の理解もいちだんと深まる。

以上の4つのポイントが理解できたら、次ページに掲載した図の手順にしたがって、実際にあなた独自のお役立ち情報を作成してみてほしい。

これまで何度もお話ししてきたことだが、重要なのは、

「お客様にとって本当に役に立つ情報」

という視点からネタをピックアップしていくことだ。最初は面倒だと思われるかもしれないが、慣れればそんなに大変なことではない。

ぜひ、あなたにしか提供できないお役立ち情報をつくってみよう。

あなた独自の「お役立ち情報」をつくってみよう

前編（問題点、エピソード）の作成方法

① これから検討するお客様に知られたら困ること、すでに購入ずみのお客様の失敗例、クレームを書き出す

・

・

・

② エピソードを選ぶ

③ 選んだエピソードのなかから、実際にお客様からいわれた言葉を書き出す

④ パソコンに打ち込む

⑤ イラストや写真を取り込んで、わかりやすくなるようにする

⑥ お役立ち情報の名前を表題部に打ち込めば前編の完成

後編（解決策）の作成方法

① 前編のエピソードが起こってしまった原因を書き出す

② 今後、それが起こらないようにするにはどうしたらいいのか（解決策）を書き出す

③ パソコンに打ち込む

④ 前編の①で書き出したものから新たなエピソードを選び、最後に「次の予告」を打ち込めば完成

！ この手順で行えば、**「お役立ち情報」**は簡単に作成できる！

第4章

お客様からの反応がグンと早くなる！
――「レスポンスレター」

お客様の「見極め」は どのタイミングですればいいのか？

お役立ち情報のつくり方はご理解いただけただろうか。これでアプローチレターのベースとなる4つのパーツをすべて説明したことになる。後はこれをシリーズ化して送るわけだが、次のような疑問をもつ方もいることだろう。

「営業レター（アプローチレター）はいったいいつまで送ればいいのか？」

たしかに、ずっと送り続けることは現実的でない。どこかの段階で**「見極め」**をする必要が出てくる。私の場合は、アプローチレターを計4回（お役立ち情報については3回）送ったところで、お客様に確認の電話を入れていた。

「今までお役立ち情報を3回ほどお送りしましたが、今後も送ってもよろしいでしょうか？」

お客様が少しでも商品の購入を考えている場合は、次のように答える。

「そうですね。今後も送ってください」

逆に、商品の購入をまったく考えていないお客様の返答は、以下のようになる。

「ウチには必要ないので、もう送らなくてけっこうです」

こういった形で、お客様の反応を見ることで、自動的に見極めができるようになる。

もちろん、アプローチレターを何回送った段階で見極めの電話を入れるのが最善かは、ケースバイケースだろう。扱っている商品によってはもっと少ない場合もあるし、逆にもっと多い場合もあるかもしれない。いろいろ試して一番見極めをしやすい回数にしてほしい。

さて、以上のように、あらかじめアプローチレターを送るスケジュールを組んでおけば、適当な段階で容易に見極めができるようになる。仮にそれまでは感覚に頼って見極めをしていたとしても、適切な基準をもつことで、自信をもって見極めができるようになるのだ。

あなたも、自分の商品に合ったサイクルでスケジュールを組んでみてほしい。

アプローチレターを何回か送ったら、次は新たなステージへ

お客様にアプローチレターを送り続けるかどうかを見極めるタイミングについてはご理解いただけただろうか。

ここであらためて、私がアプローチレターを送っていたときのスケジュールを掲載してみよう。これについては67ページにも載せたものとよく見比べてほしい。

じつは、この両者には微妙な違いがある。お気づきだろうか？

そう、「お役立ち情報№3を送る際に、**「レスポンスレター」**というものが登場しているのだ。では、この「レスポンスレター」とはいったいどういうものか？

結論からいおう。

これまで説明してきたアプローチレターは、いわば**「待ちの営業レター」**で、お客様が自ら行動するまでじっくりと待つスタイルだった。それに対してレスポンスレターは**「積極的にお客様に行動を促す営業レター」**になる。その意味では、

「見極め」と「レスポンスレター」を出すタイミング ——私の場合

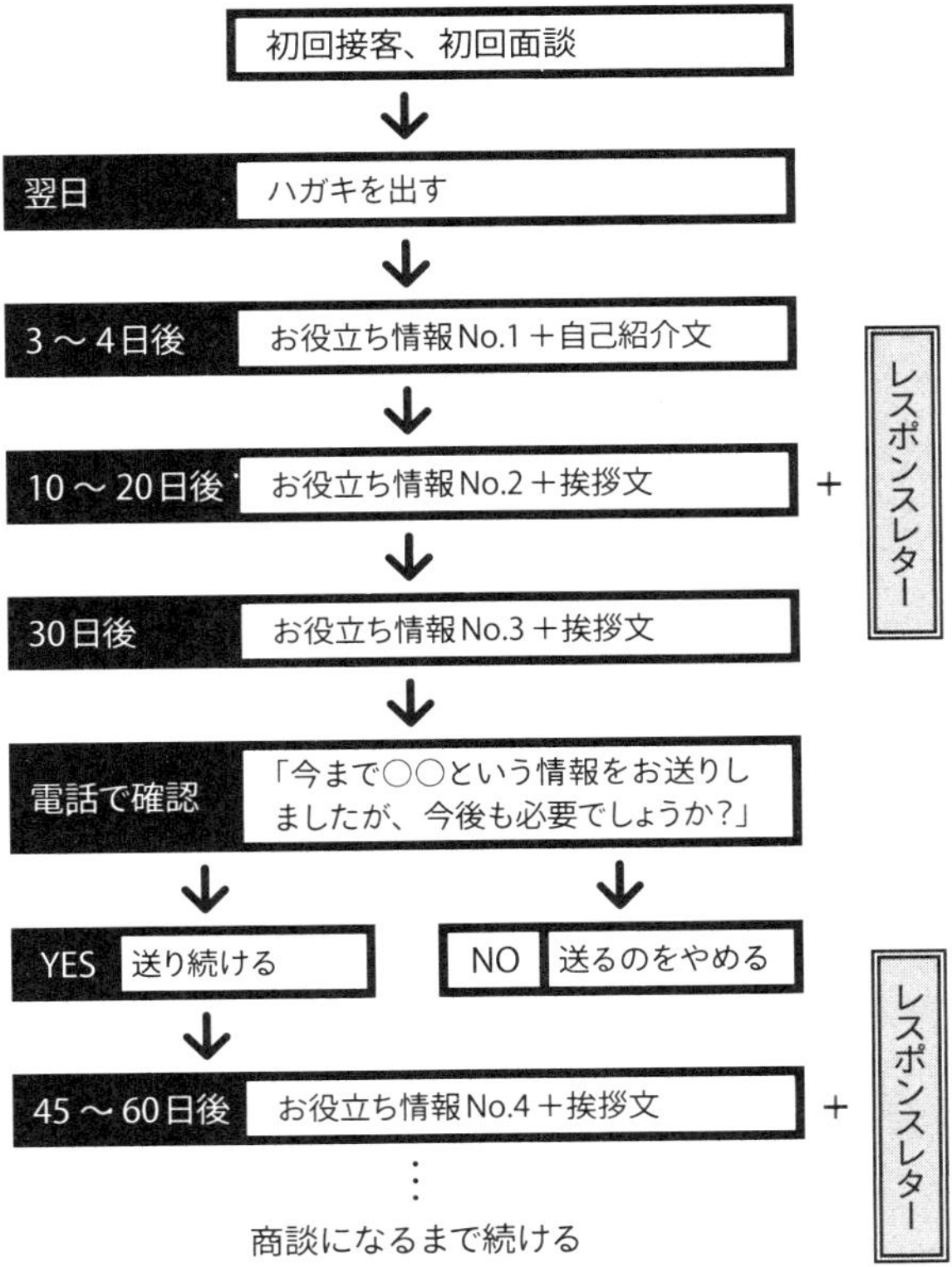

「レスポンスレター」を送ることで、
より早くお客様からの反応が得られる!

このレスポンスレターとは、アプローチレターにおける4つのパーツの効果を、より高めるためのツールだといえる。

もちろん、アプローチレターだけを送っていても十分に効果はある。何度もいうが、私はアプローチレターを送るだけでトップ営業マンになった。したがって、アプローチレターだけでも十分なのだが、このレスポンスレターを同封すると、さらに驚くべきことが起こる。

なんと、「お客様からより早く声をかけてもらえる」ようになるのだ。

「だとしたら、アプローチレターなんか送らず、最初から『レスポンスレター』だけを送ればいいのでは?」

たしかに、あなたがそう思うのもムリはない。しかし、このレスポンスレターだけを送って成果をあげるには、前提となる条件がある。

そこであなたに質問。あなたは、次のどちらのタイプの営業マンだろう?

①接客は得意なほうなので、お客様に強く自分のことを印象づけられる
②接客はあまり得意ではないので、お客様に忘れられてしまうことが多い

もしあなたが①のタイプなら、このレスポンスレターを送るだけでお客様から反応を得られることもあるだろう（本当は①のタイプでもアプローチレターを送ってほしいのだが）。

しかし、②のタイプの営業マンだったら、レスポンスレターだけを送ったところでお客様から反応を得られることはない。

なぜなら、「まだお客様との信頼関係が築けていない」からだ。

基本的にアプローチレターをはじめとする営業レターの目的は「お客様との信頼関係を築くこと」にある。

残念ながら②のタイプの営業マンは、短時間でお客様との信頼関係を築くことを苦手としているケースが多い。だからこそ、まずは基本のアプローチレターを送って自分のことをよく知ってもらい、信頼関係を築いていくプロセスが不可欠になってくるのだ。

接客に自信がある営業マン以外は、アプローチレターと併用することをおすすめする。

こんな「レスポンスレター」を送れば逆効果になる

「よし、『レスポンスレター』を送れば、お客様から早く声をかけてもらえるようになるんだな」

そう単純に思われた方もいるかもしれない。しかし、このレスポンスレターは、お客様から反応を得られることもあれば、逆効果になることもある。営業マン本位のレスポンスレターを同封してしまったために、せっかくアプローチレターでコツコツと信頼関係を築いたにもかかわらず、一気にパーになってしまうこともあるのだ。

では、どんなレスポンスレターが逆効果になるのか、順に見ていこう。

間違い① 「○○キャンペーン」の知らせをお客様に送る

レスポンスレターのなかで一番多い間違いが、この「○○キャンペーン」の知らせを送るというものだ。

私もこの手のレスポンスレターはたくさんつくった。もちろん、使い方によっては「○○キャンペーン」というレスポンスレターが効果的な場合もある。しかし、ただ意味もなくお客様に送ったところで反応は得られない。

このようにいうと、反論する方がいるかもしれない。

「○○キャンペーンで購入すれば、いろいろサービスできるし、お客様だってトクをするじゃないか!」

この考え方が間違っている理由は、もうおわかりだと思う。そう、「お客様がサービスを必要とするのは検討段階に入ったとき」であって、まだ検討するかどうかもわからないお客様に送っても意味がないからである。

そしてもう1つ、理由がある。

それは、「同じようなキャンペーンは他社でもしている」ということだ。

私がいた住宅業界では、さまざまな流行があった。オール電化キャンペーンがはやれば、みんなオール電化キャンペーン。エコ住宅がはやれば、どこもエコ住宅。車業界でもそう。カーナビキャンペーンがはやれば、みんなカーナビキャンペーン。

営業サイドから見れば、それぞれのキャンペーンの違いはわかっているだろう。しかし、お客様にしてみれば、どこも同じに見える。これでは、せっかくアプローチレターで築いてきた信頼関係が水の泡になってしまう。「○○キャンペーン」というレスポンスレター同封されているのを見て、お客様はこう思う。

「やっぱりこの営業マンも他と変わらないや」

「○○キャンペーン」にはこのような害があるので、特に注意が必要だ。

間違い② 商品説明をしたり、性能面を訴える

「じゃあ、お客様から声をかけてもらうには、商品の説明をすればいいんだな」と考えるかもしれない。商品を説明するというと、えてして次のようなものになってしまいがちだ。

- ２０００ｃｃでありながら国産車最高馬力です
- ○○を使用することにより、お風呂の保温性が高まります
- 他社より○○センチ太い柱を使用しているので安心です

「えっ？　商品の説明や性能面をお客様に伝えてはダメなの？」と疑問に思う方もいるかもしれない。もちろん、性能面を説明するのは必要なことだ。しかし、先にも述べたように、それはお客様が検討段階に入ったときであって、まだ検討するかどうかもわからないお客様に送っても意味がない。いや、意味がないどころか、マイナス効果を及ぼすことさえある。

私も以前、この手の商品説明のレスポンスレターをお客様に送ったところ、

「もう資料を送らなくていい」というメールやFAXを何件もいただいた。

お客様が検討しようかどうか迷っているときに、このような商品説明や性能面を訴える資料を送ってはならないのだ。

間違い③　いきなり「見積り無料です」と働きかける

扱っている商品にもよるが、「レスポンスレター」と聞くと、どうしても「見積りは無料です」というものをつくりたくなってしまう方も多いだろう。私もこの手のレスポンスレターを何種類かつくったが、一度もお客様から声がかかることはなかった。私はこのように考えていた。

「見積りは有料のところだってあるんだぞ。無料で提供するんだから、お客様は声をかけてくれるはずだ」

たしかにその考えは間違いない。見積りをつくるには、時間と労力が必要だ。

しかし、お客様は声をかけてこない。

その理由は、「お客様は最初の段階では見積りを必要としていない」からだ。

お客様にしても、最終的には見積りが必要だ。しかし、商品をよく理解していない段階で見積りを頼むだろうか？　たとえば、あなたが家を建てるとする。「とりあえず、適当に5～6社に見積りを頼んでみるか」とは、通常ならないだろう。まずはそれぞれの会社の商品をよく調べ、見学会などに参加し、納得したうえでなければ、見積りを頼むはずがない。いきなり「見積り無料です」という働きかけはしない――。

これも重要なポイントだ。

お客様から反応を得る秘訣①
1歩目の階段をできるかぎり低くする

ここまでの説明で、お客様へ送ってはいけない内容は十分ご理解いただけたと思う。

それでは、どんな「レスポンスレター」をお客様に送ればいいのかについて、説明していこう。

まず1つめのポイントは、「1歩目の階段をできるかぎり低くする」ということだ。ここでお客様の心理を理解してもらうために、まず契約までのプロセスを逆算して考えてみることにする。

●最終的には「契約」が目的になる。
→これはどの商品でも同じ。
●では、契約の前は何をするか？
→多くの場合、見積りを提出するだろう。
●見積りを提出する前は何をするか？
プレゼンをしたりプランを提供したりするだろう。

→

●その前は何をするか？

お客様の要望をヒアリングするだろう。

ここまで考えると、こう思う方もいるだろう。

「そうか！　お客様に相談してもらえばいいんだ」

たしかにそれも間違いではない。しかし、いくら「お気軽にご相談ください！」と訴えても、お客様は声をかけてこない。

なぜなら、「お客様はまだその商品のことをよく理解していない」からだ。

したがって、まずはお客様に商品を知ってもらうためにサンプルや実際の商品を見てもらう必要が出てくる。

たとえば住宅営業の場合、次のようにお客様に提案するかもしれない。

「お客様のお住まいの近くに実際に建っている現場があります。ご覧になりませんか?」

ここまで階段を低くすれば、「見積り無料です!」というよりは、お客様から声をかけてもらえる確率は高くなる。多少は検討段階に入ったお客様だったら効果があるだろう。しかし、検討初期段階のお客様は、これでも動かない。

なぜなら、単純に「面倒」だから。

お客様は毎日、仕事やら何やらで忙しい。だから、貴重な休日を割いてまで現場を見に行くという行動はとらないもの。そこで、さらに階段を下げる必要が出てくる。

たとえば、「実際の商品を見てみませんか?」と働きかけるのではなく、カタログ(プラン集などの売り込みのないもの)や手に入りにくい情報を請求してもらうようにするのだ。ここまで階段を下げると、「いつかは」と考えているお客様も反応してくれる可能性が高くなる。お客様は行動するのは面倒でも、自分にメリットのある情報は欲しいからだ。

いきなり商談にもち込もうとするのはNG

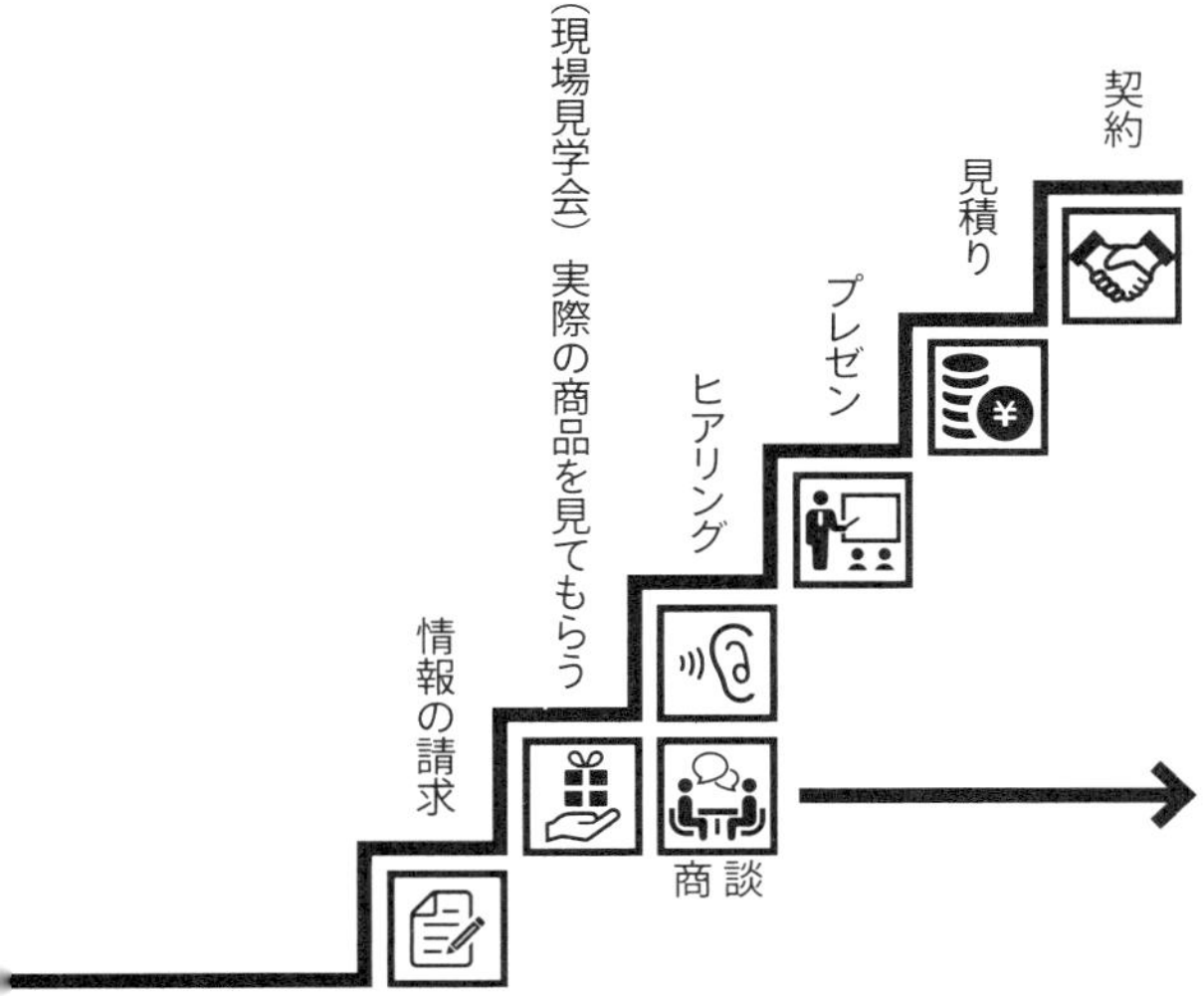

階段を低くすることが、
結局は契約への近道になる！

ただし、今のお客様は当たり前の情報では見向きもしない。そういった情報はインターネットで容易に手に入る時代だからだ。だから、ある程度の工夫が必要になる。

159ページに、私が1歩目の階段を低くした形でつくったレスポンスレターを掲載したので、よく見てほしい。このレスポンスレターのタイトルは、次のようなものだ。

> **30〜45坪の間取りが100パターン以上のっている資料を差し上げます**

将来的に家を建てようと考えているお客様は間取りを見て、あれこれ考えたいと思っている。また、いくらインターネットを利用したとして、100パターンの間取りを集めるには手間がかかるだろう。だからこそ、このように働きかけると、請求してもらえる可能性が高くなるのだ。

これが車だったら、こんな感じになるだろう。

下取りの金額を20％アップさせるコツを書いた資料を差し上げます

保険なら、こうなるかもしれない。

他では手に入らない、有名保険会社の料金比較表を差し上げます

このような情報であれば、「今すぐに」というお客様ではなくても、声をかけてくれる可能性は高くなる。

しかし、こう反論する方もいるだろう。

「そんな情報をお客様に提供したところで、すぐには商談にならないのでは？」

「それでは『レスポンスレター』の意味がないのでは？」

たしかにそのとおりだ。このような情報を請求してもらったからといって、すぐに話が進むわけではない。しかし、一般的にお客様には、どんな目的であったとしても、**「一度声をかけた会社には、再び声をかける可能性が高くなる」**傾向がある。だからこそ1歩目の階段をできるかぎり低くして、ともかくお客様に声をかけてもらうことが大切なのだ。

ここで少し想像してもらいたい。ある2つの住宅会社から現場見学会のお知らせが届いたとする。1社はまったく声をかけたことのない会社。もう1社は自分から問い合わせをして資料をもらったことのある会社。何となく資料をもらった会社のほうに行きたくなるのではないか？

このように、一度でも声をかけた会社に対しては、なぜか親近感をもつようになるものなのだ。そのためにも、はじめの一歩を低くする必要があるのだ。

ともかく「はじめの一歩」を踏み出してもらうことが先決

これから間取りを考える方必見!

先着50名様 30〜45坪の間取りが100パターン以上のっている資料を無料で差し上げます

こんな方におすすめです

- 何となく要望があるけれど、うまく形にできない方
- 間取りを一から考えるのは難しいとお考えの方
- 自分で作ってみたが、使い勝手がいいかどうか心配な方

正直言って、ビックリするような奇抜な間取りはのっていません。
ただ、間取りを考えるうえでのベースプランに使う場合は、非常に役立ちます。

先着50名の方のみこの資料を無料で差し上げています。
今すぐこの用紙にご住所・お名前をご記入のうえ、そのままFAXしてください。またメールやお電話でもOKです。下記へご連絡ください。

FAX 00-0000-0000

ご住所

お名前

〇〇ホーム㈱
連絡はこちらへ→〇〇−〇〇〇〇−〇〇〇〇
メールはこちらへ→ kikuhara@abcdef.ne.jp
菊原　智明

お客様から反応を得る秘訣②

特定の条件で絞り込む

「『レスポンスレター』をつくるときは、お客様へ呼びかけることが大切です」

私はセミナーなどでよくこのような説明をしているのだが、そうすると、以下のような間違いを犯してしまいがちなので要注意だ。

「これから家づくりを考えている皆様へ」
「車を買い替えようとお考えの皆様へ」
「資格をとりたいとお考えの皆様へ」
「今入っている保険を見直したい皆様へ」

このように呼びかけてしまう背景には、次のような思いがあるのだろう。

「せっかく『レスポンスレター』を出すのだから、できるだけたくさんのお客様から声をかけてもらいたい」

気持ちはよくわかる。ただ残念なことに、漠然と「○○の皆様へ」と呼びかけたところで、だれも見てはくれない。上記の例だと対象が広すぎるのだ。しかし、これを**「ある特定の条件」**で絞り込めば、反応率がグンと上がるのだ。

そのポイントは以下の5つだ。

①年齢で絞る

保険編「30歳以上で家族が4人以上のお客様へ」

②特定の商品で絞る

車編「○○の車種をお考えで、色は気にしないという方へ。シルバーとブラックのみ特別価格でご提供します」

③地域で絞る

不動産編「○○小学校区域で南道路の土地をお探しの方へ」

④大きさで絞る

住宅編「36坪前後の建物をお考えの方へ」

⑤期間で絞る

住宅編「3月31日までに入居をご希望される方へ」

このように、ある特定の条件から**「対象となるお客様」**を絞ることによって、その条件に当てはまるお客様が声をかけてくれる確率が高くなるのだ。

思いきって狭い条件で絞り込むこと――。

これが反応率を上げるポイントだ。

できるかぎり「対象」を絞り込むことが鉄則

北道路の土地に建築される方へ

……………………………………

……………………………………

北道路の土地に住んでいる方は外観の悩みをもっている場合が少なくない。
その悩みを解決する方法を提案しカタログを請求してもらうレスポンスレターの例

このお知らせは
35歳以下の方へお出ししております

ローンで成功する方法とは?

……………………………………

35歳以下の方は長期ローンが組めるため、審査に合格する確率が高いということを伝え、資金計画へ誘うレスポンスレターの例

絞れば絞るほどお客様の**反応率はアップする!**

お客様から反応を得る秘訣③

お客様の日常の悩みに焦点を当てる

商品を売るコツとして、よく「お客様の悩みを解決するのが一番」ということがいわれている。たしかにそれは間違いではない。

たとえば、「家を建てようかなあ」と考えている方がいたとする。多くのお客様にとって、家づくりは一生に1回の最大の買い物になる。土地の購入や住宅ローン、間取りなど、初めてのことばかりで当然、思い悩む。

もちろん、こうしたことで悩むお客様というのは、すでに「家を建てよう」と決意した方である。

しかし、その前段階のお客様は、そういった悩みをまだもっていない。そのお客様に対して「住宅ローンでトクする方法」だとか「土地選びのコツ」などといってもピンとはこない。そこで、もっと日常の悩みまで掘り下げて伝える工夫が必要になってくる。

たとえば住宅業界で、お客様が子育て世代だったときのケースで考えてみよう。


結婚して4年、今はアパート暮らし。

子どもが生まれ、子育てで忙しい毎日。

奥さんは1日中、子どもの面倒を見て、もうクタクタ。

やっとのことで2人の子どもをお風呂に入れた頃にご主人が帰ってくる。

当然、ご主人も仕事で疲れている。

ご主人の夕飯を用意し、明日の用意がすんだ頃にはもう12時すぎ。

「ぎゃー」――やっと一息ついたところで、下の子の夜泣きが始まる。夜遅くに大声で泣かれると、近所迷惑だ。しかたがないので、ご主人も疲れた体にムチをうち、子どもを連れ出してドライブへ行く。

「アパートじゃなくて一軒家だったら、こんなことにはならないのに……」


ちょっと大げさだが、こんな悩みをもっている子育て世代の方は少なくない。

そこへ次のページに掲載したようなレスポンスレターが届いたら、どう思うだろ

家づくりの第一歩は資金シミュレーションから

これを読んでいただいているお客様も、今まで大変なご苦労をされてきたと思います。

子育て真っ最中の私には、その気持ちが痛いほどわかります。頑張っている子育て世代の皆様には、ぜひいい家を早くもってもらいたいと思っています。しかし「自分にはまだ無理だ」「もう少し頭金を貯めてから」と思い込んでいる方が少なくありません。たしかに家というと高額というイメージがありますから。実際はほとんどのお客様が、今払っている家賃に１～２万円プラスするだけで、自分の家を持つことができるのです。

仕事や子育てを頑張られているあなたの手助けがしたいと思い、私はこの手紙を書きました。私は今までに〇〇〇棟の家づくりのお手伝いをさせていただきました。また３年前にファイナンシャルプランナーの資格を取得しております。これは自分の人生設計のため、そしてお客様に適切なアドバイスができるようになるためです。

相談するといっても、そんなに大袈裟なことではありません。源泉徴収票のコピーをもらえれば、資金シミュレーションすることが可能です。

ご来場いただかなくても、メールなどでも大丈夫です。先ほどお話したお客様とのご縁も、一通のメールから始まりました。私はとにかく子育てを頑張られている方の手助けがしたいと考えております。一度今の自分がどれだけの借入ができるのかシミュレーションしてください。家づくりの第一歩として非常に役立ちます。

ご来場、またはメールをお待ちしております。お互いいろいろ大変ですが、頑張って子育てしていきましょう。

〇〇ホーム㈱
連絡はこちらへ→〇〇－〇〇〇〇－〇〇〇〇
メールはこちらへ→　kikuhara@abcdef.ne.jp
菊原　智明

「日常の悩み」に焦点を当てると反応は大きくなる

このお手紙は子育て世代の方にぜひ読んでもらいたいです

「私の話です」

私には8カ月になる子どもがいます(女の子です)。私たち夫婦にとって初めての子どもです。子育てのイロハも知らない私たちにとっては毎日が戦いで、わからないことばかりです。そんななかでも、何とか乗り切ってきました。

6カ月を過ぎた頃でしょうか、子どもの夜泣きが始まりました。初めて体験したときは正直パニックになりました。ギャーギャー泣き叫ぶ金切り声。何をやっても泣きやまないのです。奥さんと2人で交互に抱いたりして、ホント親のほうが泣きたくなりましたね。(今でもそういう日もありますが……。)

子育ては本当に大変だと、つくづく思い知らされたものです。そんななかでも救われたのが、ここが自分の家だったということです。もしアパートだったらと考えると、ゾッとします。うちの子は元気ですから。自宅だとしても「近所に迷惑がかかるのでは?」とドキドキしているのに、もしアパートで壁一枚隔てたとなりに他人が寝ていると思うと……。正直、乗り切れたかどうか疑問です。

「私のお客様の話です」

先日あるお客様と子どもの話になりました。そのお客様のお子さんは、私の子どもと同じくらいです。今はアパートにお住まいですが、夜泣きが始まるとお子さんを車に乗せてドライブに行くというのです。深夜の2時でも3時でもだそうです。まったく頭が下がります。

このお客様のお家がまもなく完成いたします。お客様は最近こんなことをよく口にします。「もう少しで深夜に外に出なくてすみますね」

私はこのお客様には早くいい家に住んでもらいたいと心から思います。

うか？

共感してくれるお客様は少なからずいる。実際このレスポンスレターは、つくった私自身がびっくりするほどの反響を、じつに多くのお客様からいただいた。

お客様の日常の悩みに焦点を当てる——。

ぜひ、あなたも参考にしてほしい。

以上でお客様からの反応率をアップさせるレスポンスレターのポイントをすべてお話したわけだが、ここであらためて、あなたに認識しておいてほしいことがある。

それは、本章の冒頭でもいったように、**「レスポンスレターはアプローチレターをお客様に出していることがベースになる」**という点だ。

そのベースができたうえでレスポンスレターを活用してもらえれば、あなたが「売れる営業」になる時間はグッと早まるだろう。

「キャチコピー」で一番大切なことは何か？

「レスポンスレター」のポイントはご理解いただけただろうか。

ここで少し**「キャッチコピー」**についてお話したい。キャッチコピーとは「お役立ち情報」や「レスポンスレター」の一番上に書く表題のようなもの。当然、お客様にとっては最初に目にとまるものだから、その役割は重要だ。場合によっては、キャッチコピーを見て、その後に続く文章を読むかどうかを決められることもあるだろう。

このキャッチコピーをつくる際に、特に注意しなければならないのが、**「お客様が見たときに意味が伝わらない文章にしてはいけない」**ということだ。

私が以前、考えたキャッチコピーは、次のようなものだった。

○○工法だから実現できる安心快適住宅

私はこのキャッチコピーが気に入っていて何度も使ったのだが、お客様からの反応はまったくなかった。

なぜか？

よく考えてみると、この「○○工法」とはいったいなんなのか、一般のお客様は知らないし、そもそも知りたいとも思わないだろう。また、「安心快適」といわれても、お客様がイメージできなければ意味はない。だから興味を示してくれなかったのだと思っている。

この失敗にこりた私は、その後キャッチコピーの本を購入するなどして、

「格好のいいキャッチはないかなあ」

「お客様が読まずにはいられなくなる表現はないだろうか？」

といったことばかり考えていた。しかし、なかなかいいアイデアは出てこなか

った。

そんなある日、私はあることに気がついた。

「キャッチコピーについて難しく考えすぎているのではないか？」と。先ほどもいったように、キャッチコピーが「お役立ち情報」や「レスポンスレター」をつくるうえで重要な要素であることは間違いない。だからといって、ひねった表現だとか、格好のいい言い回しなどは必要ないのだ。

私たち営業マンはコピーライターではない。別にキャッチコピーで賞を狙っているわけでもないのだから、そんなに表現をこねくり回す必要などないのだ。

そう気づいた私は、キャッチコピーを考える際には、ある1つのことだけにこだわるようにした。

それは**「わかりやすさ」**である。そう、キャッチコピーを考えるうえで最も大切なことは「わかりやすさ」なのである。

では、どんなキャッチコピーがわかりやすいのか？

たとえば、前の節で掲載した子育て世代向けのレスポンスレターで使ったキャッチコピーのようなものでいい。

私はこのレスポンスレターをつくったときに、こう思った。
「子育てで苦労しているお客様に読んでもらいたいなあ」
だからそれをストレートにキャッチコピーにした。

このお手紙は子育て世代の方にぜひ読んでもらいたいです

何のひねりもない。ただ、お客様には伝わりやすかったのだろう。先にもお話したように、この子育て世代向けのレスポンスレターを出すことで、多くのお客様から声をかけていただいた。

キャッチコピーはあれこれとひねるのではなく、まずはお客様にわかりやすく伝えることだけを考える——。

これが最大のポイントだ。

なお、この「わかりやすさ」の重要性は、何もキャッチコピーにかぎった話ではない。営業レターすべてに共通していえることでもある。その点も頭に入れておいてほしい。

会社がつくったチラシを10倍活かす方法

さて、ここまでは、自分で作成する「アプローチレター」および「レスポンスレター」について説明してきた。そこでこの節では、会社から支給された**「チラシ」**の使い方について見ていくことにしよう。

まず質問。あなたは会社から提供されたチラシを、何の抵抗もなくお客様に送っているのではないだろうか？　ご多分に漏れず、以前の私もそうだった。では、その効果はどうだっただろう？

あなたも、もうイヤというほど経験しているかもしれないが、会社のチラシをそのまま送ったところで、お客様からの反応はほとんどなかったはずだ。

何も「チラシを送るな」といっているわけではない。私がいいたいのは、「ただ送ったのでは、お客様にマイナスの印象を与えてしまう危険性がありますよ」ということだ。

どうして会社のチラシをそのまま送ってはいけないのか？

最大の理由は、「チラシは会社の都合でつくられている」というところにある。

会社としては、「チラシをつくるのに○○万円かかるんだから、○件は契約にならないと困る」という前提でチラシを考えることが多い。だから、どうしても**「売り込みの臭いが強くなる」**のだ。

また、営業現場とはまったく関係ない部署の人がチラシを考えているケースも少なくない。なかには、その商品を売った経験がない人がチラシを考えている場合もある。そういった人が考えたチラシは、たいてい営業マンやお客様の考えとはかけ離れたものになっている。

繰り返しになるが、あなたは「こんなチラシを送ったって意味がないだろうなあ」と思いながらも、何となくお客様にそのチラシを送っていないだろうか？　チラシをお客様に送っても意味がない、ということだけならまだいい。気をつけなければいけないのは、チラシを送ることがお客様に多大なマイナス効果を与えてしまう恐れがある、という点だ。最悪の場合、せっかく築いてきた信頼関係が一気に崩れてしまうことにもなりかねないのだ。

何度もいうように、将来的にその商品を検討しようと思っている段階のお客様は、売り込みを非常に嫌う。しかし、先にお話したように、会社の都合でつくられたチラシは売り込みの臭いが強い。そして、お客様はそういった臭いを敏感に感じとる。そうなったお客様にその後いくら営業レターを送り続けたところで、開封されずにごみ箱へ捨てられるのがオチだ。

「じゃあ、会社都合でつくられたチラシは送ってはダメなの？」

もちろん、まったく活用しないというのではもったいない。

では、どうすればいいのか？

一言でいうと、**「チラシを送る前フリ」**をすればいい。実際にチラシを送る前に、通常の営業レターで「今度チラシを送りますよ」と告知してしまうのだ。私は2パターンの「前フリ」用の文章を考えていた。

その際のポイントは以下のようになる。

ケース① 会社がつくったチラシの内容がいい場合

まず、次のページを見てほしい。こうした営業レターを送れば、お客様に**「特別感」**を与えることができる。また、「どうして今回の企画では特別価格で提供できるのか？」ということを事前に伝えれば、キャンペーンに対する信用度は多少なりともアップする。

このような営業レターで前フリをすることによって、会社のチラシの効果を何倍にも高めることが可能になるのだ。

ケース② 会社がつくったチラシの内容がよくない場合

会社がつくったチラシがいい場合の営業レター

このお手紙は以前〇〇ホームにご来場されたお客様の
〇〇〇名様にお送りしている大切なお知らせです。

新春特別企画を
他の皆様より少し早くお知らせします

「好みのオプションを付けたら追加料金が300万円UPした!」

住宅のオプションというのは自動車と違って高額なものが多いですから、こういった追加料金も頻繁に起こります。
「せっかく建てるのだからいいものを付けたいけど、追加料金が心配だ」という方におすすめな企画です。

今回お知らせするのは**フルオプションでのご提供です。**

今人気の装備(防犯システム、オール電化、タイル外壁)が最初からすべて付いていますので、お友達にもちょっと自慢できる快適な生活が実現できます。

この金額でできる理由は、〇〇ホームの新商品「〇〇〇〇」の発売にあたり、〇〇会社から限定30棟に限り援助があるからなのです。

12月20日にチラシをお送りしますので(一般の方には1月1日の新聞に同様のチラシが折り込まれます)、ご覧になられてもし興味をもたれましたら、年末もしくは1月2日以降に下記までご連絡ください。

追伸:お正月は2日より展示場をオープンしております。

〇〇ホーム㈱

連絡はこちらへ→〇〇ー〇〇〇〇ー〇〇〇〇
メールはこちらへ→　kikuhara@abcdef.ne.jp
菊原　智明

できれば送らないのが得策。しかし、自分の勝手には判断できない方もいることだろう。その場合は、次ページのような文章を書いた営業レターを前もって送っておくといいだろう。

ケース①の場合でもケース②の場合でも、目的は「チラシが届くことをお客様に前もって認知してもらう」ことにある。そうすれば、ケース②のような文章を送ったとしても、チラシの送付を断ってくるお客様はほとんどいない。

このような「前フリ」の手紙を見たお客様は、こう思ってくれるかもしれない。

「数日後に何か特別な情報が届くんだな」
「前もって教えてくれるなんて、親切な営業マンだなあ」

「前フリ」さえしておけば、開封されずにそのまま捨てられるとか、チラシを見て「なんだ。この人も結局、売り込みか」と思われることも少なくなる。

会社がつくったチラシがよくない場合の営業レター

最近は朝６時になると自然に目が覚めてしまう菊原です。

暑かったり寒かったり気温差が激しいので、体調管理にはお気をつけください。

また、いつも私からの情報をお読みいただいてありがとうございます。

さて今回、弊社にて○○キャンペーンという企画を行います。数日後にお客様へ発送する予定ですが、ご迷惑な場合は下記へご連絡いただければお送りしません。

お手数ですが、よろしくお願いいたします。

○○ホーム㈱
連絡はこちらへ→○○－○○○○－○○○○
メールはこちらへ→　kikuhara@abcdef.ne.jp
菊原　智明

ぜひ、あなたも会社のつくったチラシをうまく活用してほしい。

さて、この章では「レスポンスレター」を中心にお話してきた。ベースとなる「アプローチレター」の4つのパーツと「レスポンスレター」をうまく組み合わせれば、あなたが「売れる営業」になる時間は大幅に短縮されるだろう。

しかし、まだこのような疑問も残る。

「お客様に声をかけてもらった後はどうすればいいんだ？」

その疑問を解決するために、次の章ではお客様が声をかけてくれた後に活用する**「クロージングレター」**について説明する。

「クロージングレター」とは、つかんだチャンスを逃がさないためのもの。

お客様の気持ちをつかんで離さない「クロージングレター」の秘密とは？

それは次章でたっぷり説明しよう。

第5章

商談客との成約率が驚くほど上がる！
――「クロージングレター」

商談に入っても一番の頼りは「営業レター」

前章では「レスポンスレター」をお客様に送って、より効率的に商談客までランクアップさせる方法をお話しした。そこで本章では、いよいよ営業レターの最終ステージ、すなわち商談が始まってから出す**「クロージングレター」**について説明していく。

なぜ商談中にまで、こうしたものを出さなければならないのか？

その理由は、いうまでもなく**「商談までランクアップしたお客様と確実に契約したい」**からだ。いくらお客様に一生懸命アプローチレターやレスポンスレターを送り続け、やっとのことで声をかけてもらえたとしても、結局契約にならなかったら、今までの苦労は水の泡になる。

営業というのは結果の世界。厳しいけれど、これが現実なのだ。どんなにお客様に有益な情報を送り続けても、契約をとれなければ会社にはいられなくなってしまう。当たり前のことだが、まずはそのことをわかってほしい。

幸か不幸か、商談中に営業レター、すなわちクロージングレターを出している営業マンはほとんどいない。嘘だと思うかもしれないが、これが現実の姿だ。

たとえば先日、あるセミナーに呼ばれたときに、こんな質問をしてみた。

「商談中のお客様に手紙を送っている方はいますか？」

上位10％のトップ営業マンが集まっているにもかかわらず、1人として手をあげることはなかった。

私自身、11年間にわたって営業活動をしてきたが、商談中にクロージングレターをお客様に送っている営業マンは1人として見たことがない。偉そうなことをいっているが、かくいう私も以前は、商談中にクロージングレターを出してはいなかった。

〔過去の私〕

私　「今日お伺いしたことは、以上でよろしいでしょうか？」
お客様「そうですね」

私　「それではご要望をまとめまして、来週の日曜日の午後2時にお待ちしております」

お客様　「わかりました。よろしくお願いします」

私の場合、お客様との商談の約束はだいたい週末で、1週間に1回のペースということが多かった。

〔1週間後〕

私は必死でつくったプレゼン資料を準備して、お客様が来るのを待っている。アポイント（アポ）は午後2時の予定。しかし、2時をまわってもお客様は来ない。約束の時間を30分すぎたところでしびれを切らし、お客様の家へ電話する。

トゥルルルル。

お客様　「はい。○○です」

私　「《オイオイ、なんで家にいるんだよ！》○○ホームの菊原です。今日午後2時のお約束だったと思うのですが……」

お客様「あー、ごめんなさいね。忘れてましたよ」

私「《そりゃないよー》今からでも私は大丈夫ですが……」

お客様「夕方、子どもと出かける約束をしちゃったから、またこちらから連絡しますよ」

私「《トホホ……》わかりました。連絡お待ちしております」

その後、お客様とアポがとれればいいが、そのままフェードアウトしてしまうケースも少なくなかった。そして、しばらくたってから連絡すると、決まってこの答えだった。

私「その後、どうかなあと思いまして」

お客様「いやあ、すいませんねえ。もう他で決めちゃったんですよ」

私「えっ！」

こうなってしまった一番の原因は、お客様との商談の機会を一度切ってしまったことにある。一度アポが切れたお客様を、再び商談までもっていくのは非常に難しい。では、どうしてお客様は約束を破ったのだろうか？

お客様が約束を破ったのは、別に悪気があったからではない。

ただ単に約束を忘れているだけか、テンションが下がっているだけなのである。

人はもともと忘れやすい生き物。1週間もたてば、たいていのことは忘れてしまっている。お客様は日常のこと、仕事のことで毎日忙しい。常にその商品のことを考えているわけにはいかないのだ。当日になるとすっかり約束を忘れてしまったり、「なんか面倒だなあ」という気持ちが起こってもしかたがない。

そうならないようにするためにも、商談中の営業レター、すなわち**「クロージングレター」**を送って、テンションを下げない工夫をすることが大切になってくるのだ。

「クロージングレター」はどのタイミングで出せばいいのか?

商談中こそ営業レター、すなわち「クロージングレター」を送るべきである。
先ほどの〈過去の私〉のケースを参考にしてみよう。
私はお客様と打ち合わせをして1週間後の日曜日にアポをとった。
お客様は1~2日間くらいまでは覚えているかもしれない。
しかし3~4日後には、私との約束など忘れてしまっていることも少なくないのだ。
そんなときはどうすればいいのか?

週の真ん中(3~4日後)あたりにお客様に届くようにクロージングレターを送ればいい。

もし次の日曜日が約束の日なら、その前の水曜日にクロージングレターをポストに投函すればいいのだ。すると木曜日か金曜日には、お客様の手元に届く。

それを見たお客様は、こう思ってくれるだろう。

「そうだ、今週○○会社さんのところへ行く約束をしていたんだ！」

ここで一度思い出してもらえれば、せっかくのアポをすっぽかされるといったことは激減する。

なお、ここでは次のアポまで1週間のスパンがある例でお話したが、もっと間があくような場合でも、その真ん中くらいのタイミングで、お客様にクロージングレターを送ることをおすすめする。

「クロージングレター」作成のポイント①

次回の商談で説明する内容の前フリをする

商談までランクアップしたお客様と確実に契約するうえで格好のツールである「クロージングレター」。では具体的に、どんなことに気をつければいいのか？そのポイントについて見ていくことにしよう。

まず、ポイントの1つめは**「次回の商談で説明する内容の前フリをする」**というものだ。

私は自社の住宅の構造の説明のなかでも、床強度の説明が苦手だった。ちなみに私が所属していた会社は、太めの鉄骨の床材を使用していたので、補強をせずに重たいものを置ける。これはライバル会社と比較しても有利な点だ。

だから、お客様に次のような説明をしていた。

私　「この床をご覧ください」

お客様「はい」

私「こちらが大梁（おおばり）というもので、○○センチもあります。また、その間に小梁（こばり）が○○ミリ間隔で入っていますから、丈夫なんですよ。平米当たり○○キログラムまで耐えられます。他の構造と比較して1・5倍以上の耐久性があります。たとえばグランドピアノなども特別な補強をせずに置くことができるんですよ」

お客様「……へー……」

いくら一生懸命に説明しても、まったく興味をもってもらえない。説明すればするほど、お客様がひいていく感じがした。

しかし、これを商談をする週の途中に「クロージングレター」という形で送っておくとどうなるか？　商談中のお客様はその会社に興味をもち始めているので、読んでもらえる可能性は非常に高い。

私「お送りした資料は見ていただけましたか？」

「前フリ」をしておけば商談はスムーズに進む

次回のお打ち合わせでお話したいと思っている、

「建物の構造」についての資料をお送りします。

床は全面補強になっており、重いピアノなどが補強なしで置けます。また木を使っていないため、シロアリなどの心配もありません。

詳しくは下記の図をご参照ください。

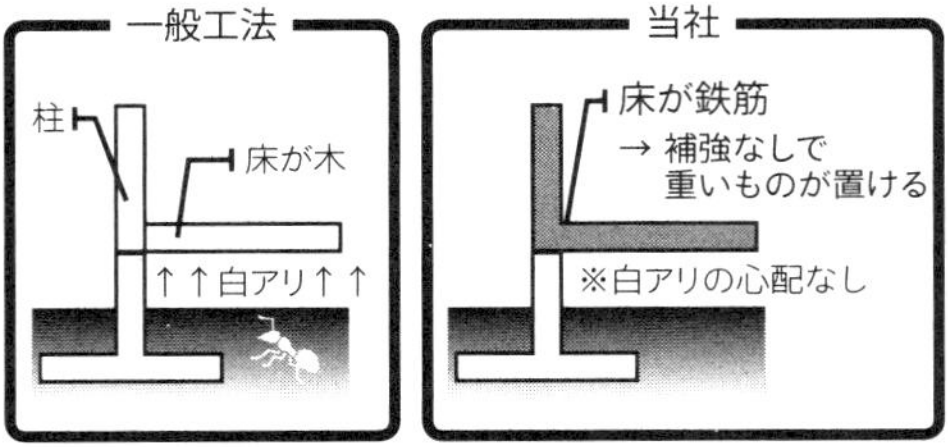

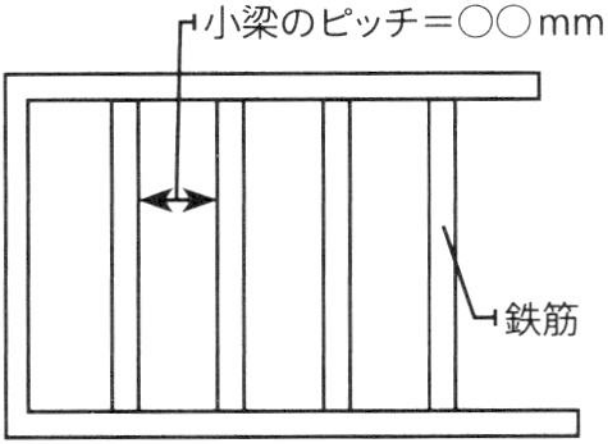

お客様「そうそう、床強度の点で優れているのはわかったけど、具体的にどのくらいまで大丈夫なの？」

私「何か重いものを置かれるのですか？」

お客様「いやー、漫画本がいっぱいあってねえ。それを積み上げようと思って」

私「漫画本でしたら、いくら積み上げても大丈夫ですよ。そのために小梁が〇〇ミリピッチで入っているのですから」

お客様「なるほどねえ」

あらかじめ資料を読んでいれば、お客様は自分の要望とリンクさせて質問してくることまである。そういったときの説明は非常によく聞いてくれるし、理解も深い。

その意味でも、次の商談の内容をあらかじめクロージングレターを使って前フリしておくと効果的なのだ。

「クロージングレター」作成のポイント②
商談した内容を補足した資料を送る

2つめのポイントを見ていくことにしよう。あなたは、お客様と商談をしているとき、このように感じることはないだろうか？

「今の説明で伝わったのかな？」

そんな場合、説明した内容を補足する「クロージングレター」をお客様に送ればいい。たとえば、ローンの話をしている場合だったら、次のようにしてみたらどうだろう？

お客様「どこの銀行が有利なんでしょうか？」

私「どこの銀行で借り入れをするかは、すごく大切です。簡単に説明しますね」

お客様「はい」

私　「同じ金額を借りても、返済総額がかなり違ってくることもあります。もちろん、銀行によって金利も違いますが、それだけではありません。借り入れ手数料がかなり違ってきます。たとえば保証人のかわりをしてもらう保証料や繰上返済手数料など……」

お客様　「《話が難しくなってきたぞ！》はあ」

このように「お客様の反応が鈍くなってきたな」と感じたら、適当なところで説明を切り上げて、クロージングレターで補足することをお客様に伝えるといい。

私　「銀行によっていろいろなメリットがありますが、そういったことをわかりやすく整理した資料を後日お送りしておきますので、参考にしてくださいね」

そして、次回お会いしたときに質問する。

補足資料でお客様の理解を深める

○○銀行ローン５つの魅力

１．お得な金利○%！（２年固定）

返済計画に合わせて自由に選べる４つの固定金利があります。

２．保証料無料！

通常2,000万円を30年返済で借り入れた場合、銀行にもよりますが、50～100万円の保証料が必要です。

３．繰上返済手数料無料！

まとまったお金があるとき、いつでも手数料無料で繰上返済できます。（通常１回5000～１万円の手数料が必要です）

４．固定金利選択手数料無料！

初回固定期間終了時に金利状況を見ながら、長・短期固定の選択が無料で行えます。（通常5000円～１万円の手数料が必要です）

５．団体信用生命保険料無料！

万が一の場合、ローン返済を全額保証するための保険です。保険料はすべて負担します。（借り入れ先によっては30年で100万円以上かかる場合があります）

○○ホーム㈱
連絡はこちらへ→○○－○○○○－○○○○
メールはこちらへ→　kikuhara@abcdef.ne.jp
菊原　智明

私　「○○銀行の資料は見ていただけましたか？」
お客様　「はい。○○銀行は本当に保証料はかからないのですか？」
私　「はい。その理由は……（以下、説明が続く）」

このように商談時の説明を補足するクロージングレターを送ることによって、難しい話もお客様はよく理解してくれるようになるのだ。

「クロージングレター」作成のポイント③
お客様に宿題を出す

3つめのポイントである**「お客様に宿題を出す」**というのは、商談中に出す「クロージングレター」のなかでも一番効果のある方法だ。

「お客様に宿題？　何それ？」と思う方もいるかもしれない。

お客様への宿題とは、**「お客様に実際に行動してもらえるように働きかけること」**をいう。

たとえば住宅業界の場合なら、最も一般的なのは、「今ある家具の寸法を測ってもらう」ことがあげられる。

「次回のプランに家具を入れてみると、イメージが湧きやすいですよ」「家具の寸法がわかると、窓の位置やコンセントの位置が決めやすいですよ」などと説明したうえで、クロージングレターをつくるのだ。そして、家具の寸法を書き込めるシートを同封して送る。そうすると、お客様は「自分の家の間取りをよくするため」に、宿題をやってきてくれる可能性がグッと高まるのだ。

しかし、こんなことをいうと、「そんなのは商談時に渡せばいいのでは？」と思う方もいるだろう。

私自身も、以前はこの家具の寸法記入シートを商談時に渡していた。

私　「新しい家にもっていかれる家具はありませんか？」

お客様「そうですね。タンスが2つあるのですが、それはもっていこうかと思っています」

私　「そうですか。でしたら、そのタンスの寸法をこちらのシートにご記入ください」

お客様「わかりました。やっておきます」

その翌週……。

私　「タンスの寸法は測ってもらえました？」

お客様「あっ！　忘れてました」

先ほどもお話したとおり、お客様は日常の生活で忙しい。常にその商品のことを考えているわけにはいかない。家具の寸法を測ることにしても、つい忘れてしまう。

そんな体験から、私は家具の寸法記入シートを商談時にお客様に渡すのではなく、週の途中に送るようにしたのだ。

お客様に自ら行動していただくことが大切

新しい家へ持っていく
家具の寸法を教えてください

今お使いの家具で、新築される家にもっていかれるものがあると思います。その家具（タンスや冷蔵庫、食器棚など）を採寸のうえ、下記の表にご記入ください。

それを図面に落とし込むことで、コンセントや窓の位置が決めやすくなります。また、部屋の広さなどもイメージしやすくなります。次回の打ち合わせのときに、寸法をご記入のうえおもちください。よろしくお願いいたします。

新居で使う家具・電化製品などの寸法を測って書きましょう。また、購入予定のものも購入欄に○をつけ、わかる範囲で書きましょう。

測り方

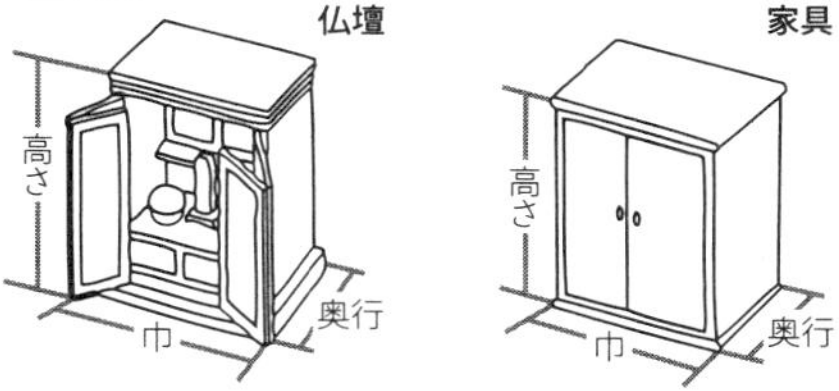

和室	巾	奥行	高さ	置く部屋	購入	特記
1タンス						
2タンス						
3仏壇						
4 …						

私　「新しい家にもっていかれる家具はありませんか？」

お客様「そうですね。タンスが2つあるのですが、それはもっていこうかと思っています」

私　「そうですか。でしたら、そのタンスの寸法を書き込めるシートをお送りしておきますので、そちらに寸法を記入してください」

次の商談までの間にクロージングレターを手にしたお客様はこう思う。

「そうだ、タンスの寸法を測るんだった！」

お客様は自分で家具の寸法などを測ることによって、知らず知らずのうちに、気持ちが盛り上がっていく。だからこそ、お客様が自ら行動するように宿題を出すことが大切になってくるのだ。

「クロージングレター」作成のポイント④
お客様の不安を消す

これから説明する4つめのポイントは、契約へ進むうえで非常に重要な内容になるので、しっかりと理解してほしい。

まず、あなたはお客様と商談をしていて、こんなことを感じたことないだろうか？

「どうもお客様のノリが悪いなあ」

「どこか違和感があるなあ」

とりたてて話が悪い方向へ進んでいるわけではないのに、なぜかしっくりこない――。私はお客様と商談をしていて、よくこう感じることがあった。不安になった私は、次のような質問をする。

私　「何か他に質問や疑問点はありませんか？」
お客様　「うーん。……特にありませんね」
私　「《特にないのか。まあいいや》これが合計金額になりますが、どうでしょうか？」
お客様　「うーん。いいとは思うんですけど、もう少し考えさせてもらっていいですか？」
私　「何か引っかかるところでもあるのでしょうか？」
お客様　「別にそういうわけではないのですが……」

お客様がはっきりとした理由をいってくれないので、こちらとしても対策の打ちようがない。結局、そのまま話が消えてしまうことも少なくなかった。
お客様は「何が不安なのか、自分でもわからない」というケースがよくある。営業マンだけでなく、お客様もこう感じているかもしれない。

お客様が抱えている「潜在的な不安」を解消する

計９回の定期点検がもたらす安心感

「建てた後はちゃんとメンテナンスしてくれるのだろうか？」という質問をよくお客様からいただきます。たしかに建てた後、具体的にどう面倒を見てくれるのかということはとても気になるところです。そこで、私どものメンテナンスについてご説明いたします。

「2カ月、11カ月、23カ月、5年、10年、15年、20年、25年、30年」。これはお客様からお問い合わせがなくても、こちらから定期的にメンテナンスをさせていただくスケジュールです。もちろんご連絡いただければ、いつでもお伺いします。

「もうウチは5年たったので、ドア1枚の調整で来てもらうのもちょっと……」という声を多くいただきました。たしかに引渡し後であれば声をかけやすいが、数年たつと、ちょっとしたことで呼ぶのは気が引けるかもしれません。そこで○○ホームは、計9回の自動メンテナンスシステムを構築したのです。このシステムにより《建てたら建てっぱなし》という状況を避けることができます。

費用は10年目まで無料。その後の4回は1回約1万円のメンテナンス料で丁寧に点検します。他社のように10年目、20年目に高額な補修工事を強要することもありません。また、メンテナンスのほうは私どもの会社の○○、○○が担当させていただきます。大手メーカーさんのように子会社へ丸投げすることはありません。

これからいろいろな住宅会社を検討されると思います。装備や値段も大切ですが「住んでからいかに安心できるか」ということも非常に重要な要素になってきます。お客様の今後の家づくりの基準としてお役立てください。

○○ホーム㈱

連絡はこちらへ→○○－○○○○－○○○○

メールはこちらへ→　kikuhara@abcdef.ne.jp

菊原　智明

「どこか引っかかるところがあるんだよなあ」

こういった不安要素は、具体的な質問としては現れにくい。だから、まずはこちらから先手を打って、お客様が抱いている不安を予測し、その不安を解消させるようなクロージングレターを送るのだ。

前ページに掲載したのは、私が送っていたクロージングレターの一例だ。もちろん、口答で説明してもいいのだが、私の経験からいうと、文章として形に残っているほうが、お客様がより安心する確率が高かった。

ぜひ参考にしてほしい。

「クロージングレター」作成のポイント⑤
お客様のテンションを上げる

先ほど説明したように、営業マンが何も働きかけなければ、お客様のテンションは自然と下がってしまうものだ。どうしてテンションが下がってしまうのか？

その理由は2つある。

1つは、前に説明したとおり、**「忘れてしまう」**から。

もう1つは、「欲しい」という気持ちの裏には、必ず**「やっぱりまだやめておこう」**という考えがあるからだ。

あなたにも、こんな経験があるはずだ。何かが欲しくてお店に行ったとする。

「うーん、どうしようかな」とさんざん迷ったあげく、こう判断したとする。

「とりあえず、今はやめて、また来週考えよう」

そして1週間がたった頃には、どうでもよくなってしまう。

たとえば、私が以前、雑誌で調べたゴルフのドライバーを見に、ゴルフショップへ行ったときのこと――。実際に行ってみると、これがまた格好いい。試打をさせてもらい、とても気に入ったのだが、なにせ新商品なので高い。

「買うべきか、それともやめておくべきか？」

その場でずいぶんと悩んだが、やはり踏ん切りがつかず、買わないままそのゴルフショップをあとにした。そして結局、数週間後にもう少し安いドライバーを買ってしまったのだ。そのドライバーは私には合わなかったので、今でも後悔しているのだが……。

このように、いくら「欲しい」と思ったものであっても、時間がたつと、その欲求は薄れていくものだ。仮にあのとき、「○○ドライバーはやっぱりすごかった！」などというユーザーの声の資料が届いていたら、どうしていただろう？おそらく買っていたはずだ。だからこそ、次の商談の前にクロージングレターを出すことが大切になってくるのだ。

では、どうやってお客様のテンションを上げていくのか？

最もいい方法は、「同じような立場の人が購入して満足している例」を伝えることだ。

自分と似たような人がうまくいっている例を見て、お客様はこう思う。

「これなら私にも大丈夫かも？」

こうなればしめたもの。お客様の購入へのテンションは再び高まっていく。なお、「お役立ち情報」の場合は「他人の失敗例」がいいとお話した。それは、まだお客様がその商品を検討する段階にすら入っていないからだ。

これに対して、商談の段階では、すでにお客様の買う気が高まっている。だからこそ、今度は購入して満足している例が効果的なのだ。

例として、次ページに私が送っていたお客様のテンションを上げるクロージングレターを掲載した。

あなたも、自分なりに工夫したクロージングレターをつくってみてほしい。

その理由は何を隠そう、これは4年前の私の話なのです。当時の私は結婚式も同時に行ったため、出せる自己資金がほとんどありませんでした。それでも家づくりはスムーズに進められました。

「いやー、でもウチは土地もないから」という方もいらっしゃると思います。そういった方のために、土地から購入されたお客様のケースをご紹介します。

【実例2】高崎市　Y.K様　30歳

土地を所有していなかったので、土地探しからスタートしました。希望のゾーンの物件を5～10カ所見て、ある物件を購入することになりました。

高崎市○○町　70坪　950万円

建物は36坪の4LDKです。金額は約1,800万円でした。諸経費を含め2,800万円の資金計画となりました。自己資金は300万円ご用意していましたが、今後の家具や電化製品の購入を考え、実際に支払ったのは土地の契約金50万円と建物の契約金10万円の計60万円です。

借入額は2,740万円　月々60,148円　ボーナス80,659円

以前住んでいたアパートは月63,000円ですから、アパート代とほぼ変わらない金額で土地と建物をもつことができたのです。

いかがですか？　思っているよりもずっと現金を使わずに、しかも家賃並の金額で自分の家をもてることがご理解いただけたと思います。

今の自分がどれだけの借入ができるのかを知ることによって、安心して家づくりを進めることができます。

○○ホーム㈱
連絡はこちらへ→○○－○○○○－○○○○
メールはこちらへ→　kikuhara@abcdef.ne.jp
菊原　智明

お客様の背中を押してあげよう

「家は欲しいけどお金がなくて」という方必見!

他のお客様の実例をコソッとご紹介します

「よその家はどうやっているの?」「あの家は高いのだろうな……」

すごく気になるところだと思います。だからといって「いくらでできたの?」とか「頭金はいくら?」とは聞きにくいものですね。仮に聞いたとしても、本当のことは教えてくれないものです。

そこで今回はそういった「他のお客様の実例が知りたい」というご要望にお応えし、私が担当させていただいたお客様の実例を紹介します。

今は個人情報が厳しいため、すべてを公開することはできませんが、可能な限りお伝えします。(もちろんお客様の許可は得ています)

【実例1】高崎市　T.K様　29歳

土地は、お父様所有の土地を借りて建築しました。その土地には古い建物が建っていたので解体工事が必要です。その解体費も含めた総額は1,930万円。

建築面積は41坪、5LDKの総2階の建物です。自己資金をあまり出したくないとのことで、2,000万円の借入をしました。月々の支払いは55,040円、ボーナス払いはゼロです。(30年払い) 気になる頭金は契約金10万円と印紙代1.5万円を合わせて11.5万円です。

その他諸費用まで借入したので、その後の支払いはゼロ。実際に出した現金は11.5万円だけなのです。彼が住んでいたアパートは月々55,000円。現金11.5万円を使っただけで2Kのアパートから5LDKの自宅をもつことができたのです。

この方は本当に自己資金がほとんどありませんでした。しかし、自己資金がほとんどなくても、まったく問題ありません。なぜこんなにはっきりと言えるのか?

お客様の「買う気」を一気に高める最強のツールとは？

商談中にお客様に送る「クロージングレター」が重要なことは、もう十分ご理解いただけたと思う。しかし、そのクロージングレターよりも、さらに重要なツールがある。

そのツールとは何か？

それは、アプローチレターの4つのパーツのうちの1つ、**「挨拶文」**である。

先にもお話したように、まだお客様と商談になっていない段階で送る挨拶文は、主に**「自分を伝える」**ことが目的だった。したがって、この段階では、

最近、家庭菜園に凝っている菊原です

といった文章でよかったのだが、商談が始まってからは、こうした「自分を伝える」文章は、特に必要なくなる。もちろん、お客様との関係づくりがまだ不十分の場合には、これまでどおり、自分のことを伝える一文を入れたほうがいいことはいうまでもないが……。

それはともかく、お客様との信頼関係もでき、商談の場に進んでいるという前提で話を進めるとしよう。このときの挨拶文はどうすればいいのか？

ズバリ、挨拶文のなかで「必ずお客様へのメッセージを一言付け加える」ようにすればいい。

商談がスタートしてから送るクロージングレターは、内容的に難しいことが多い。だからこそ、お客様へ一言付け加えたほうが効果は高くなるのだ。とはいっても、そんなに難しく考える必要はない。

たとえば、次のようなもので十分だ。

> ○○さんには特にこの内容を読んでいただきたいと思って送りました

こうした一文を入れるだけで、「読んでみようかな」と思ってもらえる。
もう1つ重要なポイントがあるのだが、こちらのほうが、さらにお客様へインパクトを与えることができる。

それは「営業マンがやっていることの途中経過をお知らせする」というものだ。

これについても、難しく考える必要はない。
たとえば、こんな感じの内容でいいと思う。

たった一言のメッセージに絶大な効果が！

お世話になります。菊原です。

先日お打ち合わせのときに出た、資金計画の補足資料をお送りしますので、よろしければご参照ください。

追伸：今、設計とケンカしながらプランを考えています。来週を楽しみにしてくださいね。

必ずメッセージを一言付け加える

○○ホーム㈱
連絡はこちらへ→○○－○○○○－○○○○
メールはこちらへ→　kikuhara@abcdef.ne.jp
菊原　智明

今、設計とケンカしながらプランを考えています。週末を楽しみにしてくださいね

こうした文章を見れば、お客様にしても、なかなか約束を破ることはできなくなるはずだ。さらに、「○○さんは今こんなことをやっているんだな」と思い出してもらえることも、商談を進めるうえでは非常に大きいメリットになる。

さて、以上で商談中に送る「クロージングレター」と「挨拶文」のポイントについてはすべてお話しした。

商談したら商談しただけ契約がとれてしまう――。

そんなことを可能にしてしまうのが、この「クロージングレター」と「挨拶

「クロージングレター」を送る際のスケジュール
——私の場合

「アプローチレター」「レスポンスレター」
によりお客様から声がかかる

↓

商談開始　要望をヒアリング

↓　お客様に宿題を出す「クロージングレター」を送る

7日後　**商談**　ヒアリングをもとに提案

↓　次回の商談の前フリをする「クロージングレター」を送る

14日後　**商談**　詳細打ち合わせ

↓　商談の内容を補足した「クロージングレター」を送る

21日後　**商談**　見積り提出

↓　テンションを上げる、または不安を消す
「クロージングレター」を送る

28日後　**契約**

！　この手順をきちんと踏めば、
あなたもトップ営業マンの仲間入り！

文」なのだ。あなたが、より効率よくトップ営業マンになるうえで欠かせないツールであることは間違いない。

なお、前ページに私がクロージングレターを送っていたときのスケジュールを掲載した。

これをもとに、あなたも自分に合ったスケジュールを考えてみてほしい。

3つのステージがあなたの人生を変える！

さて、本章のしめくくりとして、次ページにこれまで説明してきた3つのステージを1つのスケジュールにまとめたので、よく見てほしい。

これは1つの例であって、商品やお客様によっては商談になるタイミングや契約になるタイミングは異なるだろう。

3つのステージ（初回接客から契約）のスケジュール
——私の場合

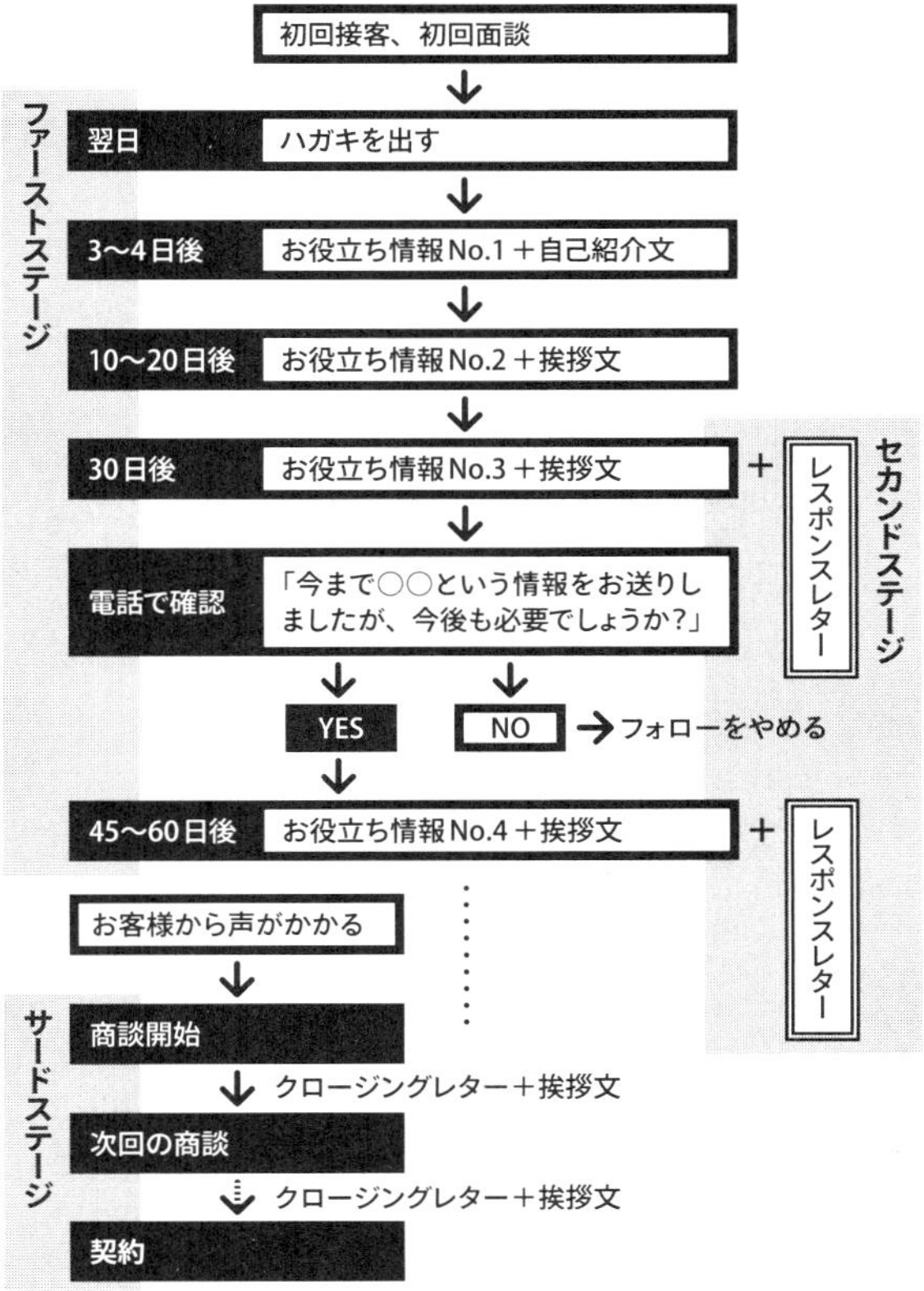

「そのうち」ではなく、**「今すぐ」**に実行することが
成功へのキーポイントになる！

繰り返しになるが、いろいろと試行錯誤を繰り返しながら、あなたに合ったスケジュールを組み立てていってほしい。

ファーストステージ――アプローチレター
セカンドステージ――レスポンスレター
サードステージ――クロージングレター

この一連の流れを理解し、ステージごとの目的に合った「営業レター」を送るようにすれば、必ずあなたも**「売れる営業」**になれることをお約束する。

どうだろう。やる気は出てきただろうか？

もし、あなたが「そのうちやってみよう」と思っているとしたら、うまくいかないだろう。残念ながら、「そのうち」は永遠に訪れることはないのだ。

「そのうち」ではなく、「今すぐ」実行してほしい。

ハガキを書くでもいいし、自己紹介文をつくるでもいい。ともかく、まずは第一歩を踏み出してもらいたい。

その第一歩が、あなたが「売れる営業」になるためのスタートになる。

終章

今こそ、あなたがトップ営業マンに勝つ絶好のチャンス！

これがクロージングいらずの究極の営業手法だ！

さて、今までの章で、私をトップ営業マンに育ててくれた**「営業レター」**のつくり方と、その活用法のすべてをお伝えした。しかし、なかにはこう思う方がいるかもしれない。

「でも、クロージングレターといいながら、肝心のクロージングの説明がないじゃないか！」

たしかにそのとおりだ。では、クロージングの秘訣についてお話することにしよう。驚かないでほしい。

クロージングの秘訣は、ズバリ……ない。

本当にないのだ。いや、ないというより**「必要ない」**といったほうが適切だ。

ご存知のとおり、私は売り込みの訪問をやめてアプローチレターをお客様へ送ることでトップ営業マンになることができた。その後、このアプローチレターにレスポンスレター、クロージングレターが加わっていったのはこれまでにお話ししたとおりだが、これらの「営業レター」を出すことで商談数が何倍にも増えたことにも驚いたが、それ以上に驚く事実があった。

それは、営業レターで信頼関係を築いたお客様には「競合」がほとんどいない、ということだ。

これは何を意味しているのか？

競合がいないということは、必死に頼み込んで契約をする必要がなくなる、ということを意味している。

要は「クロージングがいらない営業に変わってしまう」のである。

営業マンにとって、クロージングがいらなくなることほどラクなことはない。

ちなみに私が営業レターを出すようになる前は、お客様に対して次のようなクロージングをしていた。

「この金額に〇〇と〇〇のオプションをサービスしますので、どうか決めてください！」

「〇〇さんが契約にならないと私はクビになってしまいます！　何とか契約してください！」

しかし、お客様の答えは決まってこうだった。

「わかりました。検討して連絡しますよ」

数日後、お客様から電話がかかってくる。

「すいませんねえ。いろいろやってくれたのに……。申し訳ないけど、今回は縁がなかったということで」

見積りを出しても出しても、なかなか契約にまでは至らなかった。当時の私は、契約時のクロージングとは、ギリギリまで値引きして、頭を下げてお願いするものだと思っていた。また、それまでは商談しているときに、他社とどう話が進んでいるのかが気になって、よく次のように聞いていた。

「私の他にお話している会社はありますか?」

その答えは、たいてい次のようなものだった。

「そうですね。申し訳ないけど、あと2、3社は見ようと思って」

しかし、「営業レター」を通してお客様との信頼関係を築くようになってからは、次のようにいわれることが多くなった。

私　「私の他にお話している会社はありますか？」
お客様「いいえ、特にありません」
私　「これからいろいろと他社を検討されますよね？」
お客様「いいえ、今のところ考えていません」
私　「《どういうことだ？》では、私と話を進めてもらえるということでしょうか？」
お客様「そうですね」
私　「ありがとうございます！」

今まで「競合がいない」ことなどまったくなかったので、すごく驚いた。
また、こんなこともあった。

お客様「菊原さんのところで決めようと思っているんですよ」

私　「あっ、ありがとうございます！」

お客様　「ただ、他社でも見積りをとるから、同じくらいにしてね」

私　「わかりました。頑張ります」

驚いたことに、**「提案や見積りを出す前にお客様の気持ちが決まっている」**ことが多かったのだ。

その後は話を進めていくだけで、自動的に契約まで進んだ。こんなことは、私が「売れない営業」だった時代には考えられないことだ。しかし、これはまぎれもない事実である。

「営業レター」で信頼関係を構築できたお客様には、競合がいない。だから、普通の打ち合わせのように契約が決まるのだ。

私　「プランと見積りはこの内容でよろしいでしょうか？」

お客様　「そうですね。これなら大丈夫です」

私　「次回、契約書をつくりますので、印鑑と契約金をもってきてください」

お客様「わかりました。印鑑は実印のほうがいいのですか？」

クロージングいらず。

まさに夢のような展開だ。それまでは、「このお客様にこんなに時間を使って契約にならなかったら、本当に目もあてられないなあ」と頭の片隅で思いながら商談していたので、資料をつくるにしても、もうひとつ気合いが入らなかった。しかし、**「このお客様とは必ず契約になる」**とわかっていれば、自分の力を100％つぎ込むことができる。

「営業レター」で信頼関係を築くようになってからは、いつしかお客様と商談をするのが楽しくてたまらなくなっていたのである。

私は長年、クロージングがいらない営業など、絶対にありえないと思っていた。だから私は、「売れる営業」になるために、さまざまな営業テクニックを学んだ。「資格があれば有利だ」と考え、多大な時間とお金を使ってファイナンシャルプランナーの資格も取得した。

しかし、そういった営業テクニックを学んだり資格を取得したりするたびに、お客様との商談を複雑にしてしまっただけ。結局、売れるようにはならなかった。

私は営業テクニックや資格をとってスキルを磨くことばかりに気を取られ、お客様との信頼関係を築くという肝心なことを忘れていた。

今考えると、なんて遠回りをしていたんだろう。

今、お客様はこんな営業マンを求めている

「営業レター」が私のすべてを変えた――。

しかし、なかにはそれでもこう思う方がいるだろう。

「『営業レター』にはすごい効果があるのはわかったけれども、別にそんなことをしなくてもトップ営業マンにはなれるのではないか？」

たしかにそのとおりだ。

あなたの会社にも、こんな営業マンがいないだろうか？　初回接客で、すでにセミクロージングまでしてしまう凄腕営業マンが……。

「うらやましいなあ」

私はこのような凄腕営業マンを羨望の眼差しで見ていた。出会って数分でお客様と打ち解け、その心をつかんでしまう。しかし、そんな芸当ができるのは、ほんの一握りの営業マンだけ。普通の営業マンには、とうてい真似できない。

特に人見知りでおとなしい営業マンには、初めて会ったときにインパクトを与えることなど至難の業だ。だから、お客様に自分を印象づけることも難しくなる。

しかし、このようなタイプの営業マンは、同じお客様と2回、3回と打ち合わせを続けていくと、力を発揮してくる。いわゆる**「かめばかむほど味が出てくる」**というやつだ。

また、こうしたタイプの営業マンは契約後もクレームが少ない。凄腕営業マンよりお客様の満足度は高い場合が多いのだ。

ただ初めて会ったときの印象が弱いということから、標準以下の成績に甘んじているだけ。したがって、人見知りでおとなしいタイプの営業マンは、お客様との信頼関係を築くアプローチの段階さえクリアしてしまえば、「売れる営業」になれる可能性は高い。ここまでいえば、おわかりいただけるだろう。

アプローチが苦手だという弱点を、「営業レター」で補えばいいのだ。

幸いにも、天性の才能がある営業マンは、手紙をお客様に送ることはほとんどしない。そんな面倒なことをしなくても、お客様との信頼関係を築けるからだ。たしかに今までは、明るくて調子のいいタイプの営業マンがトップ営業マンである傾向が強かった。しかし、これからはおとなしいタイプの営業マンのほうが有利になってくる可能性が高いと私は思っている。

その理由は、今は自らの主体性を重視する、つまり**『買う』『買わない』ということを自分の意志で決めたいお客様が増えた」**からだ。

今の若いお客様は、売り込まれることに慣れていない。もちろん、営業マンを家にあげることもしない。だからこそ、お客様にはお客様のペースで検討してもらうようにしたほうが、好感をもたれる可能性が高いのだ。

今のお客様が望んでいるスタイルでアプローチすれば、天才的な営業センスがなくても、**「売れる営業」**にはなれる。

「営業レター」を活用することで、あなたが凄腕営業マンに勝ってしまう日も、そう遠くないだろう。

おわりに

「売れる営業」に変わるかどうかは、あなたの判断にかかっている

私は長年、売れない営業マンだった。多少腐っていた時期もあったが、本心はお客様から喜んでもらいたくて、必死に営業活動をしていた。しかし、お客様から嫌われたうえに、結果もいっこうに出なかった。


「おまえがやっていることは迷惑なんだよ！」

「呼んでもいないのに勝手に来るな！」

「どうせ調子のいいことをいうのは、売れるまでのことだろ！」


そんな毎日を続けているうち、いつしか「訪問恐怖症」に——。

まさにクビ寸前。本当に典型的なダメ営業マンだった。

そんな私がお客様に**「営業レター」**を送るというほんの些細なきっかけから、念願の**「売れる営業」**になることができた。しかし、結果が出るようになってからも、内心では不安でいっぱいだった。

「訪問しないで、こんなにうまくいくはずがない」
「いつかスランプが来るのではないか？」
「売れなくなれば、またあの迷惑訪問の毎日が続くのか？」

本文でもお話したが、そんな私の不安を解消してくれたのが、契約をいただいたお客様からの一言だった。

「菊原さんは、私たちのペースで考えさせてくれるので信頼できます」

この言葉をいただいて以来、私は自分の営業スタイルに「確信」をもてるようになっていったのだ。幸いなことに私は4年連続No.1営業マンになり、このような本まで執筆させてもらえるようになった。長年、ダメ営業マンだった私には、想像もつかなかった世界である。しかし、これは何も私にかぎった話ではない。

あなたも、ちょっとしたきっかけで、人生が180度変わってしまうことだってあるのだ。

長年、ダメ営業マンどころか、ダメ人間でもあった私ができたことなのだから、あなたにできないはずがない。さあ、後はあなたが実行するかどうかにかかっている。今まさに、そのチャンスが目の前に訪れているのだ。

「売れる営業」に変わるために第一歩を踏み出すか？
それとも、このまま苦しい営業活動を続けるか？

——最終的な判断はあなた自身にお任せする。

最後になりますが、これまでお世話になった方々にお礼を述べて、この本をしめくくりたいと思います。

まず、今まで出会ったすべての皆様にお礼申し上げます。また、今回、この本を出すきっかけとなったのが、大和出版の竹下さんとの出会いでした。私が現役営業マンの頃に声をかけていただいたのですが、その後、疎遠になってしまいました。しかし、その1年後に、とあるセミナーで偶然の出会い。まさに運命的なものを感じました。この本は、その竹下さんとの何度にも及ぶディスカッションによって生まれたものです。ありがとうございました。

竹下さんと出会ったセミナー。その縁をつくってくれたのが、モエル株式会社の木戸さんです。何の実績もない私と一緒にセミナーをやっていただいた木戸さんにも、心より感謝しております。

最後の最後に。

本書をここまで読んでくださったあなた。本当に、ありがとうございました。
そして私をいつも支えてくれている妻と娘に深く感謝して、結びの言葉といたします。

菊原智明

本書は、二〇〇六年一〇月に大和出版から発行した
『訪問しないで「売れる営業」に変わる本』を改題し、
文庫化したものです。

日経ビジネス人文庫

訪問《ほうもん》しなくても売《う》れる!
「営業《えいぎょう》レター」の教科書《きょうかしょ》

2016年2月1日　第1刷発行

著者
菊原智明
きくはら・ともあき

発行者
斎藤修一

発行所
日本経済新聞出版社
東京都千代田区大手町1-3-7 〒100-8066
電話(03)3270-0251(代)　http://www.nikkeibook.com/

ブックデザイン
鈴木成一デザイン室

印刷・製本
凸版印刷

定価はカバーに表示してあります。落丁本・乱丁本はお取り替えいたします。

Printed in Japan　ISBN978-4-532-19788-9

SPECIAL PRESENT

本書をご購入いただいたお礼に、
私から２つの無料プレゼントがあります。

プレゼント1　半自動的に「営業レター」の原案が完成するシート

「営業レター」が半自動的にでき上がってしまうシートをダウンロードできます。作成シートを手に入れれば本書の内容を実践できます。

>>> 今すぐアクセス!

https://1lejend.com/stepmail/kd.php?no=1990

プレゼント2　「営業レター」を作成するうえでのポイント

1カ月にわたって「営業レター」をつくるうえでのポイントを３日おきにお送りします。ポイントを読むことによって「営業レター」をつくるモチベーションが上がります。

>>> 今すぐアクセス!

https://1lejend.com/stepmail/kd.php?no=1975